VV. AA.

LA POESÍA DE LOS ÁRBOLES

VV. AA.

LA POESÍA DE LOS ÁRBOLES

Ilustraciones de

Leticia Ruifernández

Edición de

Ignacio Abella

Nørdicalibros
2022

C/ Doctor Blanco Soler, 26 - C. P. 28044, Madrid

Tlf.: (+34) 917 055 057

info@nordicalibros.com

Primera edición: noviembre de 2022

Primera reimpresión: diciembre de 2022

ISBN: 978-84-19320-28-5

Depósito Legal: M-25628-2022

IBIC: DCQ

Thema: DCQ

Impreso en España / *Printed in Spain*

Gracel Asociados

Alcobendas (Madrid)

Diseño de colección: Diego Moreno

Corrección ortotipográfica: Victoria Parra y Ana Patrón

INTRODUCCIÓN

Ven conmigo, apresúrate.
Voy a revelarte un secreto:
la palabra del árbol
y el susurro de la piedra…
Da a conocer a los humanos el mensaje.
(Ciclo de Baal, ca. 1370 a. C., Biblioteca de Ugarit)

Sin duda Poesía y Árbol mantienen un encendido romance desde el principio de los tiempos. Mucho antes de que los primeros versos se escribieran en arcilla o corteza, ya se rimaba y cantaba a la luz y al calor de las leñas de todos los árboles nutricios, que nos han inspirado y alentado de mil modos distintos.

En el siglo XIII, Snorri Sturluson escribió en sus *Eddas* los mitos primordiales de la cultura nórdica. En estos versos se narra el nacimiento del primer hombre y la primera mujer, creados por los dioses a partir de un fresno y un olmo; el origen del hidromiel de la poesía, y la suprema revelación de las runas que el dios poeta Odín obtuvo al pie del gran Árbol del Mundo. El magnífico Yggdrasil, que hunde sus raíces en la fuente de la memoria: «Empecé a germinar y a ser sabio —dice el mismo dios—, una palabra dio otra, la palabra me llevaba, un acto condujo a otro, el acto me llevaba…». En el mundo helénico, el don de la inspiración proviene de las nueve musas habitantes del bosque sagrado de Helicón; y la poeta Safo de Lesbos, considerada por Platón la décima musa, escribió: «Eros estremece mi corazón como un viento que agita el follaje de las encinas en la montaña».

Cada tradición perpetúa sus recuerdos y continúa cantando acerca de esa perfecta sincronía, de la simbiosis primigenia y esencial entre la vida y el amor, entre los árboles y la poesía. A lo largo de su obra magna, *La Diosa Blanca,* el poeta y escritor Robert Graves expuso su tesis de una poesía «auténtica», inspirada en la naturaleza y el conocimiento de la mitología; frente a la poesía sintética y racional. No pensamos de ningún modo que exista una poesía verdadera, ni superior; pero Graves nos guía y seduce como un sabio druida a través de alfabetos de árboles e intrincados bosques que son el hogar de las musas y reino de la Diosa Blanca. «La Diosa no es ciudadana; es la Señora de las Cosas Silvestres, merodeadora de las cimas boscosas», dice el autor haciendo una oda a la libertad y la independencia del poeta, e invitándolo a buscar la sabiduría al pie de los árboles. De acuerdo con esta idea, muchos antiguos mitos y etimologías relacionan la génesis de los alfabetos (y el propio conocimiento) con los árboles, que avivan la fecundidad poética, e incluso la «iluminación». Que forman en el paisaje ideas, frases y relatos no menos inspirados que los humanos.

Apenas somos conscientes de ello, pero el Gran Árbol pervive hoy arraigado en el imaginario colectivo de la humanidad, como parte de ese ADN cultural que nos recuerda que seguimos siendo primates, recién bajados de las ramas de un tronco común, pero unidos aún a la floresta por un indeleble cordón umbilical. Por eso, la literatura, el mito y la leyenda concuerdan por todo el planeta contando distintas versiones de la misma historia: el paraíso atemporal en el que los árboles aborígenes dieron a luz a la conciencia humana y fueron el germen de nuestro mundo. Quizás por eso, dice la poeta paraguaya María Luisa Artecona, «la leyenda del árbol no es el árbol nada más, es el tiempo inmemorial».

En la selva remota, en medio del poblado o en el patio de la casa familiar; en el parque, en la alameda junto al río, en el cementerio o en la ladera de la montaña justo después de la tala devastadora... El poeta, la poeta, contempla y comprende a la ceiba, a la acacia, al abeto y al ahuehuete, al olmo, al ciprés y al pino, y al ruiseñor que los habita. Habla con ellos de tú a tú y se duele de cada ausencia. La sola palabra *árbol* libera una miríada de acepciones reales, vitales, alegóricas o poéticas... El simple nombre del bosque agita la palpitante selva de dendritas, adentro y afuera; evoca la belleza original, conformando algunos de los sueños más vívidos y sublimes que ha producido la vida sobre la Tierra... De acuerdo con esta idea, María Zambrano escribió que el poeta es una persona devorada por los espacios del bosque.

Encontrarás así, en esta verde antología, un solo lugar común: una Matria compartida, en la que habitan diferentes lenguajes. Desde la poesía filosófica, comprometida o reivindicativa de los disidentes; hasta la sensualidad, la valentía y la radical vitalidad de poetas como Joumana Haddad o Juana de Ibarbourou. Desde la libertad de las poetas arraigadas de Latinoamérica, a la percepción escueta y desnuda de los haikus orientales. El árbol y la poesía tienen también en común esa facultad de hundir sus raíces en la totalidad de las formas de percepción y entendimiento del ser humano, colocando en términos de igualdad a nuestras inteligencias múltiples: lúdica, racional, emocional, simbólica, mítica...

Hemos intentado devolver la voz y la mirada a la raíz, al árbol y al bosque, que nos alumbran en un tiempo sombrío de futuro cada vez más incierto. Sentimos la vertiginosa ausencia de bosques y selvas vírgenes, tanto en el paisaje real y palpable, como en la geografía inconmensurable de nuestra imaginación. Albergamos aún la esperanza de que la poesía, la empatía y la sensibilidad hacia el mundo que nos rodea puedan transformarnos hasta el punto de hacernos tomar conciencia del daño y empezar a reparar las heridas de la Tierra con el bálsamo de los árboles. La visión poética parece hoy más necesaria que nunca como contrapunto al materialismo y productivismo imperantes. En esta búsqueda comprometida de la belleza y la defensa incondicional de la vida, la presente antología quiere ser una semilla necesaria, como tantas otras, para repoblar este planeta enfermo y desarbolado, que clama por que volvamos a echar raíces de afecto e identidad en el paisaje que habitamos.

Ya hace más de dos milenios exclamaba el inmortal Virgilio en sus *Geórgicas*: «¡Que habite Palas las ciudades que ella misma fundó! Pero a nosotros lo que por encima de todo nos place son sin duda los bosques». Siguiendo sus huellas, podemos recorrer este libro como un estrecho sendero que se pierde y difumina en la espesura. Volveremos a recordar que los dioses habitaban las selvas y hasta es posible que termines emulando a Títiro, repasando estas páginas a la sombra de una frondosa y centenaria haya o en una arboleda feliz.

Respecto a la pequeña historia de *La poesía de los árboles*, hemos de aclarar que este libro nació en una primera edición bajo el sello Cantabria Tradicional (2011), y hubo una segunda con la editorial Huts (2016). Esta tercera versión, que tienes en tus manos, ha sido actualizada y revisada, y ha evolucionado tanto que podemos considerarla una obra distinta. Tanto para el antologista como para la ilustradora resulta un honor que una editorial de trayectoria tan impecable como Nórdica haya decidido incluir este libro en su sello. Es preciso aclarar que muchos de los anteriores poetas ya no están por unas u otras razones y han venido a sustituirlos otros y otras escogidos con diferentes criterios que a nuestro parecer otorgan al libro una mayor universalidad y madurez, quizá un punto más salvaje y radical. Nos satisface de manera especial haber abierto la selección a un mayor número de poemas escritos por mujeres y haber incluido, asimismo, voces de diferentes etnias y procedencias culturales que aportan distintas perspectivas. Mantenemos, sin embargo, el denominador común del compromiso social o ecológico de muchos de los autores que no solo se han dedicado a la poesía, sino que han defendido su entorno (natural, social, ideológico, etc.), en ocasiones hasta el exilio, la cárcel o la muerte. Las notas al final servirán para aclarar alguno de estos puntos.

Debemos agradecer a todos los autores y traductores que han consentido en participar y en muchos casos han cedido de forma desinteresada sus aportaciones para esta obra. También debemos un expreso agradecimiento a quienes nos han precedido en este proyecto de publicar una selección de poemas dedicados a los árboles, en especial a Enrique Loriente y Jordi Bigues.

Por otro lado, no debe extrañarnos que algunos de los autores (Hamid Tibouchi, Joan Miró, Wang Wei) sean pintores incluso antes que poetas. La línea entre ambas artes es muy tenue cuando se trata de árboles y bosques. La mirada del poeta y la del pintor no dejan de confundirse y complementarse. Dice John Berger:

«El dibujo de un árbol no muestra un árbol sin más, sino un árbol que está siendo contemplado». Quizá sea esta la esencia del arte, la capacidad de traspasar y trasgredir dimensiones entre los mundos figurados y reales, la facultad de alcanzar de algún modo nuestro espíritu o nuestro entendimiento y estremecernos... Aquí las acuarelas de Leticia Ruifernández discurren como un río que da de beber a esta floresta de palabras, de la que surgen los manantiales que alimentan el caudal en un círculo continuo.

Nos gustaría que este libro llegara de manera especial a los espacios públicos, escuelas y bibliotecas, para alentar patios y jardines poblados por árboles grandes y frondosos. Para alimentar aulas verdes en las que la poesía sea una asignatura troncal que no se estudia ni se aprende; se cultiva, se compone y se cuenta, se canta, se escribe, y se llora o se ríe. Todo ello, mejor aún, paseando bajo las arboledas.

En todo caso hemos encontrado un género de poesía singular entre aquellos y aquellas poetas que establecieron una simbiosis emocional con sus árboles tutelares. Covadonga Vejo y su tejo de Lebeña al que dedicó todo un poemario, o Vicente Aleixandre y su «álamo» de la plaza de Miraflores, por poner un par de ejemplos de esa relación sublime entre dos seres vivos tan distantes y tan cercanos. Como tantos otros que en el mundo han sido, el poeta portugués Miguel Torga mantuvo conversaciones con el *negrilho*, el olmo centenario de la plaza de São Martinho de Anta:

En mi tierra natal hay un solo poeta.
Y mis versos son hojas de sus ramas.
Cuando de lejos llego y conversamos,
es él quien me revela el mundo visitado.

> [...] Ese poeta eres tú, ¡maestro de la inquietud serena!
> [...] ¡Tú, gigante que sueña, bosque suspendido
> donde anidan las aves y el tiempo!

Moriría el poeta humano en 1995, no sin antes despedirse con otros versos de su hermano de savia: «Me despido de la casa paterna, del jardín, del negrillo y de los bosques. De las únicas riquezas que de verdad gocé poseer en este mundo. Que no tuve que gastar, sino que merecer».

Aún hoy, muchos se asombran de que el mítico Orfeo, hijo de la musa de la poesía y la elocuencia, pudiera hechizar a los robles salvajes que lo siguieron como un manso rebaño, al compás de los acordes de su lira, hasta la colina tracia de Zonë. Pero a nosotros lo que por encima de todo nos asombra y conmueve es que día a día, caminando simplemente por los bosques, el sortilegio de los árboles sea capaz de devolvernos el tiempo perdido; de sosegar la vorágine de los pensamientos humanos; de aquietar nuestra crónica hiperactividad, haciéndonos más atentos y perceptivos, más sabios. De convertirnos incluso en poetas, si nos detenemos a escuchar el tiempo suficiente, bajo la fronda.

Colunga, verano de 2022
Ignacio Abella

LA POESÍA DE LOS ÁRBOLES

1. CUANDO LA PUERTA RECUERDA

Hamid Tibouchi

Argelia, 1951

Cuando la puerta recuerda
cuando la mesa recuerda
cuando la silla el armario el aparador la ventana
recuerdan
cuando recuerdan intensamente sus raíces
sus savias
sus hojas
sus ramas
todo lo que en ellos habitaba
los nidos y las canciones
las ardillas y los monos
la nieve y el viento
— un escalofrío recorre la casa
que vuelve a ser bosque

entonces solo oigo el manantial que fluye
y un fuego arde en torno a mí
para calentar mi noche helada
de viajero perdido.

2. PINOS Y CEDROS

Ryōnen Gensō

Japón, 1646-1711

Han pasado 66 otoños, he vivido mucho tiempo.
La luna llena, radiante, ilumina mi rostro.
No hay por qué debatir los principios del *kōan*.
Escuchad con atención el viento que sopla entre los pinos y los cedros.

3. ÁRBOLES HOMBRES

Juan Ramón Jiménez
Moguer (Huelva), 1881-1958

Ayer tarde,
volvía yo con las nubes
que entraban bajo rosales
(grande ternura redonda)
entre los troncos constantes.
La soledad era eterna
y el silencio inacabable.
Me detuve como un árbol
y oí hablar a los árboles.
El pájaro solo huía
de tan secreto paraje,
solo yo podía estar
entre las rosas finales.
Yo no quería volver
en mí, por miedo de darles
disgusto de árbol distinto
a los árboles iguales.
Los árboles se olvidaron,
de mi forma de hombre errante,
y, con mi forma olvidada,
oía hablar a los árboles.
Me retardé hasta la estrella.

En vuelo de luz suave,
fui saliéndome a la orilla,
con la luna ya en el aire.
Cuando yo ya me salía,
vi a los árboles mirarme.
Se daban cuenta de todo
y me apenaba dejarles.
Y yo los oía hablar,
entre el nublado de nácares,
con blando rumor, de mí.
Y ¿cómo desengañarles?
¿Cómo decirles que no,
que yo era solo el pasante,
que no me hablaran a mí?
No quería traicionarles.
Y ya muy tarde, ayer tarde,
oí hablarme a los árboles.

4. CARNE INMORTAL

Juana de Ibarbourou

Uruguay, 1892-1979

Yo le tengo horror a la muerte.
Mas a veces cuando pienso
que bajo de la tierra he de volver
abono de raíces,
savia que subirá por tallos frescos
árbol alto que acaso centuplique
mi mermada estatura,
me digo: —Cuerpo mío:
Tú eres inmortal.
Y con fruición me toco
los muslos y los senos,
el cabello y la espalda,
pensando: ¿Palpo acaso
el ramaje de un cedro,
las pajuelas de un nido,
la tierra de algún surco
tibio como de carne femenina?
Y extasiada murmuro:
—Cuerpo mío: ¡Estás hecho
de sustancia inmortal!

5. [Canta la mujer]

Irma Pineda

México (Binnizá), 1974

Canta la mujer:

Niño hermoso
al que más ama mi corazón
tu padre
el que te ama
ha rasgado la tierra
a los pies de un árbol grande
para guardar la olla-casa de tu ombligo.

La olla es ancha y fresca
para que el alma de tu ser descanse
protegida por la tierra de los abuelos
la que humedecieron con sudor
la que bendijeron con su trabajo.

El árbol es frondoso
amplia su sombra
largos y fuertes sus brazos
para que no exista día en que el sol te lastime
ni haya viento del norte que te derribe.

6. MUERTE

Poema anónimo kuba

República Democrática del Congo

Algún día futuro en el calor del atardecer,
seré transportado a la altura de los hombros
a través del poblado de los muertos.
Cuando muera, no me entierren bajo los árboles del bosque,
le temo al agua que gotea.
Cuando muera, no me entierren bajo los árboles del bosque,
siento sus espinas.
Entiérrenme bajo los grandes árboles de sombra del mercado,
quiero oír el batir de los tambores,
quiero sentir los pies de los que bailan.

7. MONT-ROIG, LOS ALGARROBOS

Joan Miró

Barcelona, 1893-1983

Para mí un árbol no es un árbol, una cosa que pertenece al reino vegetal, sino algo humano, un ser vivo. [...] Un árbol es un personaje, sobre todo los árboles de mi país, los algarrobos. Un personaje que habla, que tiene hojas. Resultan incluso inquietantes. A veces los veo y los oigo. El árbol mira y escucha. [...] Siempre viajo con una algarroba guardada en un sobre. Es un rito. Para mí y para Cataluña. Los algarrobos nunca pierden sus hojas. Su verdor tiene un poder enorme. Yo soy fiel al algarrobo, ¡y de qué manera! En Mont-Roig y aquí, en París.

8. ÁRBOL AZUL

Joumana Haddad

Líbano, 1979

Cuando tus ojos se encuentran con mi soledad
el silencio se convierte en frutas
y el sueño en temporal
se entreabren puertas prohibidas
y el agua aprende a sufrir.
Cuando mi soledad se encuentra con tus ojos
el deseo sube y se derrama
a veces marea insolente
ola que recorre sin fin
o savia cayendo gota a gota
savia más ardiente que un tormento
comienzo que nunca se cumple.
Cuando tus ojos y mi soledad se encuentran
me entrego desnuda como la lluvia
generosa como un seno soñado
tierna como la viña que madura el sol
múltiple me entrego
hasta que nazca el árbol de tu amor
tan alto y rebelde
tan rebelde y tan mío
flecha que vuelve al arco
palmera azul clavada en mis nubes
cielo creciente que nada detendrá.

9. CANCIÓN DEL ÁRBOL DEL CANTO

Chabuca Granda
Perú, 1920-1983

A cuál ventana me acerco para cantarle;
nada le digo,
nada puedo decirle: solo le miro.

Como un testigo, conmigo
comparte lo que sucede
y parece,
como que a veces desaira
lo sucedido.
Sombra tras sombra,
dormido fronda.

Detrás del verde se esconde
y entre el silencio
algún desgano le agita
la copa joven:
todo se ha muerto conmigo,
nada es conforme.
Sobre su mismo terreno,
los años ni le conmueven
en busca de nadie siempre,
solo conmigo en silencio,
sombra tras sombra,

su silencio y mi silencio,
dormido fronda.

Danza una danza llorosa
sujeto al viento;
y yo le cuento
las ramas,
los gorriones y las hojas;
él se desprende un instante
pero no puede
no puede emprender un viaje.

Fue un árbol de pueblo solo,
de callejuela vencida,
árbol cuando todavía
ser un árbol se podía.
Y no puedo preguntarle
del tedio que lo retiene:
nada le digo,
nada puedo decirle, solo le miro.

Destino,
sombra tras sombra,
nostalgia, dormido fronda.
De nuevo reverdecido
todo el verano
verá pasar el mañana
cual si no hubiera venido
como si hubiera llegado
tarde y en vano.

Qué costumbre estarse allí.
Estarse allí nada mas.
Y no le hundo un cuchillo
sino mis ojos,
que yo misma me le hundo
y como el viento traspaso
su canto roto,
sombra tras sombra,
como un testigo, conmigo,
dormido fronda.

Y vemos pasar la vida
sombra tras sombra,
su silencio y mi silencio,
danza llorosa.

Cuando ya el tiempo se vaya
y él con el tiempo,
yo lo dejaré conmigo
a ambas orillas del río,
solo y conmigo,
como un testigo
perdido.

A cuál ventana me acerco para cantarle;
nada le digo,
nada puedo decirle: solo le miro.

10. LEGADO DEL CAS

(Psidium friedrichsthalianum)

Julieta Dobles Yzaguirre

Costa Rica, 1943

A mis hermanas Cecilia, Vera, Georgina e Ileana,
compartiendo aún aquellos cases… y a «Prince».

El cas es cotidiana estrella de entrecasa.
La fruta que se bebe despacio, con fruición
y se come despacio con el mohín que el ácido
de su carne imprevista produce en nuestra boca
hecha agua ante el acoso del aroma
y del mordisco claro, casi beso.
Es el don de los montes,
un legado de selva que se resiste a irse,
un árbol decidido que habita la meseta
y sus patios caseros con sus naranjo agrio.
Sus helechos, sus chinas renacidas,
su chayotera: selva y espesura,
su limonero de aromática espina.

En casa de mis padres reina un árbol de cas.
De todos los árboles sembrados por la mano paterna
solo el cas sobrevivió las plagas,
el rencor de la hormiga,
la saña del gusano y del tiempo, feroces.
Y se yergue en el patio su follaje de himno,

su claro tronco, por donde el cielo baja
puntual, todas las tardes.
Su copa sigue siendo la escalera secreta
de los niños, que, ocultos en su verde
burbuja esplendorosa,
intercambian las sorpresas del mundo.

Prince tuvo algo que ver
con esta sutil sobrevivencia.
Prince era el perro más humano
que alguna vez amé.
En su rostro de pastor policía,
su mirada expresaba las mil complicidades
de su alma de perro milagroso.
Después de doce años de caminatas plenas,
juegos, peleas, custodias,
pasiones apremiantes y brevísimas
aullidos a la luna, retozos en el prado,
persecución a todos los gatos del mundo.
Prince se nos fue, herido por un boyero torvo.
Pero nunca quiso alejarse
del barrio luminoso y de la casa,
fue sepultado al pie del cas,
entonces arbolillo todavía.
En el año siguiente,
el árbol se extendió como un deseo
apresurado y generoso.

Sus ramas, fuertes y altas,
cubiertas de miles de hojuelas diminutas y rojas
que al crecer verdecían en el patio luciente,
fueron escala nueva de la tarde.
Y hubo dos cosechas entres cases de aroma
para calmar la sed de todos
en el largo verano sin Prince,
sin sus ladridos, sin su pelaje tan acariciado.
Pero yo estoy segura
que el árbol se estremece si le pasas la mano
por su tronco plenario,
y en las noches de luna,
algo como un temblor de hojas jadeantes
parece recordarnos un aullido lejano
en el patio de todos los recuerdos.

11. ÁRBOLES

Federico García Lorca
Fuente Vaqueros (Granada),
1898-1936

¡Árboles!
¿Habéis sido flechas
caídas del azul?
¿Qué terribles guerreros os lanzaron?
¿Han sido las estrellas?

Vuestras músicas vienen del alma de los pájaros,
de los ojos de Dios,
de la pasión perfecta.
¡Árboles!
¿Conocerán vuestras raíces toscas
mi corazón en tierra?

12. SOLO EL HOMBRE

(fragmento)

Pablo Neruda

Chile, 1904-1973

El humus ha dejado
en el suelo
su alfombra de mil años.
Los árboles se tocan en la altura,
en la unidad temblorosa.
Abajo, oscura es la selva.
Un vuelo corto, un grito
la atraviesan,
los pájaros del frío,
los zorros de eléctrica cola,
una gran hoja que cae,
y mi caballo pisa el blando
lecho del árbol dormido,
pero bajo la tierra
los árboles de nuevo
se entienden y se tocan.
La selva es una sola,
un solo gran puñado de perfume,
una sola raíz bajo la tierra.

13. IDENTIDAD

María Isabel Lara Millapan

Chile, 1976

Y si se van tus sueños
y olvidan la palabra de los abuelos tus labios,
¿a dónde quedan los hijos de la tierra?,
¿a quién enseñamos el silencio de nuestros bosques?
Donde solo florecen nuestros ecos,
donde solo cantan las aves
que conocemos desde tanto tiempo.

Podemos ir lejos de nuestros montes,
ir lejos de nuestras vertientes,
para volver, hermano,
para volver.
Porque aquí está nuestra tierra,
porque aquí está nuestra gente.
Un espacio del kultrung
donde hoy caminamos mirando las araucarias,
donde hoy sonríen nuestros ojos.

14. ESTA CANCIÓN ESTABA TIRADA POR EL BOSQUE

Franklin Mieses Burgos

República Dominicana, 1907-1976

Esta canción estaba tirada por el suelo,
como una hoja muerta, sin palabras;
la hallaron unos hombres que luego me la dieron
porque tuvieron miedo de aprender a cantarla.
Yo entonces ignoraba que también las canciones,
como las hojas muertas caían de los árboles;
no sabía que la luna se enredaba en las ramas
náufragas que sueñan bajo el cristal del agua,
ni que comían los peces pedacitos de estrellas
en el silencio de las noches claras.
Yo entonces ignoraba muchas cosas iguales
que eran todas posibles en la tierra del viento,
en donde la leyenda no es una hierba mala
crecida en sus riberas, sino un árbol de voces
con las cuales dialogan las sombras y las piedras.
Yo entonces ignoraba muchas cosas iguales
cuando aún no era mía
esta canción que estaba tirada por el suelo,
como una hoja muerta, sin palabras;
pero ahora ya sé de las formas distintas
que preceden al ojo de la carne que mira,
y hasta puedo decir por qué caen de rodillas,
en las ojeras largas que circundan la noche,
las diluidas sombras de los pájaros.

15. CANCIÓN DE UN ÁRBOL

(fragmento)

Rudyard Kipling

India, nacionalidad británica, 1865-1936

El olmo odia al hombre, y espera
a que una ráfaga de viento lo sacuda
y deje caer una rama en la cabeza
del incauto que se confíe a su sombra.
Pero poco importa si un joven está serio o triste,
o achispado por la cerveza,
que nada ha de temer mientras esté tumbado
bajo el roble, el fresno o el espino.

No se te ocurra contarle al cura tus problemas,
pues verá pecado en todos ellos.
Los que pasamos toda la noche en el bosque
conjurando el verano,
te traemos noticias frescas.
Buenas nuevas de reses y cosechas,
ahora que llega el sol desde el sur
con el roble, el fresno y el espino.

16. LOS ALMENDROS

Yannis Ritsos

Grecia, 1909-1990

Por la noche, con sus vestidos blancos, pasaron frente a nuestras ventanas
los almendros: lentos y tristes, semejantes a aquellas pálidas adolescentes
del orfanato que vuelven de una pequeña excursión, el domingo, tomadas
de la mano, de dos en dos, sin proferir palabra, sin las estrellas que germinan
una a una en la sombra, lejanas y felices.
Mañana enviaremos a los almendros a dar una vuelta a las orillas del mar,
para que enjuaguen de sus rostros el polvo de nuestra tristeza.
Y en la tarde, cuando vuelvan contentos, traerán nuestras primeras palabras
húmedas aún de mar, y nosotros lloraremos junto a la ventana abierta
la alegría de saber que podemos llorar.

17. EL ÁLAMO

Vicente Aleixandre
Sevilla, 1898-1984

En el centro del pueblo
quedaba el árbol grande.
Era una plaza mínima,
pero el árbol viejísimo
la desbordaba entera.
Las casas bajas como animales tristes
a su sombra dormían. Creeríase
que a veces levantaban una cabeza, alzasen
una noble mirada y viesen aquel cielo de verdor
que hacía música o sueño.
Todo dormía, y vigilante alzaba
su grandeza el gran álamo.
Diez hombres no rodearían su tronco.
¡Con cuánto amor lo abrazarían midiéndolo!

Pero el árbol, si fue en su origen (¿quién lo sabría ya?)
una enorme ola de tierra que desde un fondo reventó, y quedose,
hoy es un árbol vivo. Abuelo siempre vivo del pueblo, augusto
por edad y presencia.
A su sombra yacen las casas, viven,
se despiertan, se abren: salen los hombres, luchan,
trabajan, vuelven, póstranse. Descansan.

A veces vuelven y allí cobijan su postrer aliento.
Bajo el árbol se acaban.

El pueblo está en la escarpa de una sierra.
Arriba Najarra.
Abajo la llanura, como una sed enorme de perderse.
Despeñado, colgante, quedó el pueblo agrupado bajo el árbol.
Quizá contenido por él sobre el abismo.
Y sus hombres se asoman
en su materia pobre de siglos
y echan sus verdes ojos, sus miradas azules,
sus dorados reflejos, sus limpios ojos claros y oscurísimos,
ladera abajo, hasta rodar en la llanura insomne
y perderse a lo lejos, hasta el confín sin límites que brilla
y finge un mar, un puro mar sin bordes.

El árbol:
un álamo negro, un negrillo, como allí se nombra.
El álamo: «Vamos al álamo». «Estamos en el álamo». Todo es álamo.
Y no hay ya más que álamo, que es el único cielo de estos hombres.

18. ES LA HORA DEL ADIÓS

Antonio Rigo

Palma de Mallorca, 1957

Cuando amanece junto al puerto y permaneces.
Cuando la lechosa luz del día
entorna los ojos perplejos de la piel.
Cuando los tambores de los sentidos
golpean humo bajo la noche de tu pecho.
Cuando su ritmo frenético te hace ignorar
la llamada de la cordura de tu corazón.
Cuando llueve y los palacios de la lluvia
hablan enredados a la luz de tu pelo.
Cuando siempre parece demasiado tarde.
Cuando siempre parece demasiado abajo.
Cuando siempre parece demasiado lejos.
Y sabes ya
que el frío de tus manos recientes
puede encender todos los cigarrillos
del diamante.
Es la hora del adiós a las ciudades.
Es la hora del adiós a los números y
a la aritmética absurda de las culpabilidades.
Es la hora de amar la soledad
es la hora —yo soy mío— del bosque encendido.

19. BOSQUE

Ángel González

Oviedo, 1925-2008

Cruzas por el crepúsculo.
El aire
tienes que separarlo casi con las manos
de tan denso, de tan impenetrable.
Andas. No dejan huellas
tus pies. Cientos de árboles
contienen el aliento sobre tu
cabeza. Un pájaro no sabe
que estás allí, y lanza su silbido
largo al otro lado del paisaje.
El mundo cambia de color: es como el eco
del mundo. Eco distante
que tú estremeces, traspasando
las últimas fronteras de la tarde.

20. UN ÁRBOL

(fragmento)

Celia Viñas

Lérida, 1915-1954

Un árbol
sobre mis huesos.
Nada más. No. Nada más.
Silencio...
[...]
Si me muero —que me muero—
no me llevéis, no
al cementerio
con los muertos.
¿Sabéis? Odio las manos cansadas
de los sepultureros.
Que me entierren cuatro niños
cantando un romance viejo.
Sí,
en aquel cerro,
¿lo veis tras de mi ventana?
Todos mis sueños,
pájaros en vuelo
sobre los pinos futuros
y ciertos
de tus bosques del mañana, mi Almería.
Si mi muerte te da un árbol, muero
¡qué dulce la muerte mía
sobre tus desnudos cerros!

21. ARCHIPIÉLAGO OTOÑAL

Tomas Tranströmer

Suecia, 1931-2015

Tormenta

De pronto, el caminante encuentra aquí el viejo,
enorme roble, como un alce petrificado con su interminable
cornamenta, frente a la fortaleza verdinegra
del mar de septiembre.

Tormenta nórdica. Es el tiempo en que
los racimos de serbas maduran. Despierto en la oscuridad,
oigo a las constelaciones piafar en sus establos,
en las alturas, sobre los árboles.

22. HAN DESCUAJADO UN ÁRBOL

Rafael Alberti

Puerto de Santa María (Cádiz), 1902-1999

Han descuajado un árbol. Esta misma mañana,
el viento aún, el sol, todos los pájaros
lo acariciaban buenamente. Era
dichoso y joven, cándido y erguido,
con una clara vocación de cielo
y con un alto porvenir de estrellas.
Hoy, a la tarde, yace como un niño
desenterrado de su cuna, rotas
las dulces piernas, la cabeza hundida,
desparramado por la tierra y triste,
todo deshecho en hojas,
en llanto verde todavía, en llanto.
Esta noche saldré —cuando ya nadie
pueda mirarlo, cuando ya esté solo—
a cerrarle los ojos y a cantarle
esa misma canción que esta mañana
en su pasar le susurraba el viento.

23. EL SAUCE

Anna Ajmátova
Rusia, 1889-1966

Y un haz decrépito de árboles
Pushkin

… Yo nací en una calma a trazos,
en un fresco cuarto infantil del siglo joven.
Y no me era querida la voz del ser humano,
sino que solo la voz del viento comprendía.
Me gustaba la bardana, también la ortiga,
pero, sobre todo, amaba al sauce blanco.
Y este, agradecido, toda su vida
vivió conmigo; sus ramas lloronas
aventaban con sueños el insomnio.
Y, cosa extraña, lo he sobrevivido.
Ahí yace su tocón; con voces ajenas
otros sauces hablan bajo nuestros cielos,
bajo estos mismos cielos. Y yo callo…
Como si hubiera muerto mi hermano.

24. LOS ÁRBOLES

Philip Larkin

Gran Bretaña, 1922-1985

Los árboles ya dan retoños
como algo no del todo dicho;
brotes recientes, calmos, se dispersan
en un verdor que es casi una pena.
¿Es acaso que vuelven a nacer
y nosotros declinamos? No, pues también ellos
mueren. El repetido ardid de renovarse
queda escrito en anillos de madera.
Y sin embargo, incansables, cada mayo
los castillos se desgranan en plena densidad.
Ha muerto un año, parece que dijeran;
comienza, comienza tú también de nuevo.

25. LOS ROBLES

Friedrich Hölderlin

Alemania, 1770-1843

Desde los huertos me llego hasta vosotros, hijos de la montaña,
desde los huertos donde Natura convive, paciente y hogareña,
cuidando y a la vez cuidada, con el laborioso hombre.
Pero vosotros, tan sublimes, os alzáis cual pueblo de titanes
en un mundo más sumiso y no sois más que vuestros y del cielo,
que os ha alimentado y criado, y de la tierra que os engendró.
Ninguno de vosotros ha ido aún a la escuela de los hombres
y dichosos y libres, desde vuestras fuertes raíces, os abrís paso
unos entre otros y, como el águila a su presa, agarráis
el espacio con brazo poderoso y orientáis
hacia las nubes la soleada copa, serena y grandiosa.
Un mundo es cada uno de vosotros, juntos vivís
como las estrellas del cielo, un dios cada uno, en libre alianza.
Si acaso yo pudiera soportar la servidumbre, jamás envidiaría
a este bosque y de buena gana me resignaría a vivir en sociedad.
Si este corazón que no renuncia al amor no me encadenase
a la vida entre las gentes, ¡cuánto me gustaría vivir entre vosotros!

26. TEJOS

William Wordsworth

Inglaterra, 1770-1850

Hay un tejo, orgullo del valle Lorton,
que aún hoy, en medio de su tiniebla,
se yergue igual que en los viejos tiempos:
en dar armas no se mostró remiso
a las bandas de Percy o Umfraville,
o a aquellos que el mar cruzaron
y el arco sonoro tensaron frente a Azincourt,
o tal vez antes, en Crecy o Poitiers.
¡Gran circunferencia y honda penumbra
de este árbol aislado! ¡Ser viviente,
creció tan lento que morir no puede!
¡Tan magnífico en su forma y aspecto,
indestructible! Pero aún más notables
son los cuatro hermanos de Borrowdale,
en amplia y solemne arboleda unidos:
¡enormes troncos! Y cada uno un muro
de entrelazadas fibras serpentinas
desde antiguo trenzadas, ascendentes;
mas no de fantasía informe, o gestos
que al profano asustan: pilar de sombras
junto a cuya basa de tonos pardos,
perennemente teñida por lánguida umbría
—y bajo cuyo techo sable de ramas adornadas,
cual en fiestas, por las bayas—,
figuras fantasmales se encuentran

(Miedo y la Esperanza trémula,
Silencio, Auspicio, el esqueleto de la Muerte,
la sombra del Tiempo) para celebrar,
como en templo natural salpicado
de altares de musgosa piedra impávida,
adoración conjunta; o para, mudos,
oír el murmullo de los torrentes
de la arcana cueva de Glaramara.

27. HISTORIA

Esthela Calderón
Nicaragua, 1970

El sonido de la primera palabra vino de un árbol,
y los animales y las aguas respondieron.
El primer humano era sordo.
No escuchó el soplo de la corriente vital.
Desde entonces heredamos la sordera.

28. PRIMAVERA NÓRDICA

Edith Södergran

Finlandia, 1892-1923

Todos mis castillos de arena se han derretido como la nieve,
todos mis sueños se han derramado como el agua,
de todo cuanto he amado apenas me queda
un cielo azul y algunas pálidas estrellas.
El viento se mueve despacio entre los árboles.
El vacío descansa. El agua está callada.
El viejo abeto se mantiene despierto y piensa
en la nube blanca que besó en sueños.

29. [Cada rincón de esta tierra...]

Si'ahl/Ted Perry

Estados Unidos, escrito en 1970

Cada rincón de esta tierra es sagrado para mi pueblo.

Cada brillante aguja de pino, cada plácida orilla, cada fleco de niebla, cada claro en los umbríos bosques, y cada insecto que aletea; son sagrados para la memoria y la vida de mi gente.

La savia que fluye a través de los árboles lleva consigo la memoria de los pieles rojas.

30. OLVIDO

Jorge Teillier
Chile, 1935-1996

¿Has olvidado que el bosque es tu hogar?
¿Que el bosque grande, profundo y sereno
te espera como a un amigo?
Vuelve al bosque.

Allí aprenderás a ser de nuevo un niño.

¿Por qué te olvidaste que el bosque es tu amigo?

Los caminos de las hormigas bajo el cielo,
el estero que te daba palabras luminosas,
el atardecer con el que juegas con la lluvia.

¿Por qué lo has olvidado?

¿Por qué no recuerdas nada?

31. ÁRBOLES

Herman Hesse

Alemania, 1877-1962

Los árboles han sido siempre para mí los predicadores más insistentes. Los venero cuando viven en pueblos y familias, en bosques y en florestas. Y los venero aún más cuando están aislados. Parecen solitarios. No como los ermitaños que han huido por alguna debilidad, sino como grandes hombres solitarios, como Beethoven y Nietzsche. El mundo susurra en sus copas, sus raíces descansan en el infinito; pero no se pierden en él, sino que persiguen una sola cosa con todas sus fuerzas vitales: cumplir su propia ley, la que habita en su interior, desarrollar su propia forma, representarse a sí mismos. Nada es más sagrado, nada es más ejemplar que un árbol robusto y hermoso.

Cuando un árbol se ha talado y muestra al sol su desnuda herida mortal, toda su historia puede leerse en el claro círculo de su tocón, su sepulcro: en los anillos y en las deformaciones están escritas todas sus batallas, todo su sufrimiento, todas sus enfermedades, toda su dicha y su bonanza, los años de escasez y los años de prosperidad, los ataques superados, las tormentas sobrevividas. Y todo campesino joven sabe que la madera más dura y más noble tiene los anillos más estrechos, que en lo alto de las montañas y en peligro constante crecen los troncos más fuertes, excelentes e indestructibles.

Los árboles son santuarios. Quien sabe hablar con ellos, quien sabe escucharlos, llega a saber la verdad. No predican doctrinas ni recetas, predican, sin preocuparse del detalle, la primigenia ley de la vida.

Un árbol dice: en mi interior se oculta una semilla, una chispa, una idea, soy vida de vida eterna. Únicas son la tentativa y la jugada que la madre eterna ha osado conmigo, únicas son mi figura y las estrías de mi piel, únicos el insignificante juego de hojas de mi copa y la insignificante cicatriz de mi corteza. Mi función es conformar y mostrar lo eterno en las marcas de lo único.

Un árbol dice: mi fuerza es la confianza. No sé nada de mis padres, no sé nada de los miles de hijos que cada año nacen de mi ser. Vivo hasta el fin el secreto de mi semilla, no es otra mi preocupación. Confío en que Dios está en mi interior. Confío en que mi misión es sagrada. Vivo de esta confianza.

Cuando estamos tristes y ya no podemos soportar bien la vida, un árbol puede decirnos: «¡Tranquilo! ¡Tranquilo! ¡Mírame! La vida no es fácil, la vida no es difícil. Esos son pensamientos infantiles. Deja que Dios hable en tu interior, así se acallarán. Tienes miedo porque tu camino te aleja de tu madre y de tu patria. Pero cada paso y cada día te conducen de nuevo en dirección a tu madre. La patria no está ni aquí ni allá. La patria está en tu interior o en ninguna parte».

La nostalgia del camino me desgarra el corazón cuando oigo a los árboles que, al atardecer, susurran al viento. Si se escucha en silencio durante largo rato, la nostalgia del camino muestra también su esencia y su sentido. No es, como parece, el deseo de querer escapar del sufrimiento. Es nostalgia de la patria, del recuerdo de la madre, de nuevas parábolas de la vida. Conduce a casa. Todo camino conduce a casa, todo paso es nacimiento, todo paso es muerte, toda sepultura es madre.

Esto susurra el árbol al atardecer, cuando nosotros nos atemorizamos ante nuestros propios pensamientos infantiles. Los árboles tienen pensamientos dilatados, prolijos y serenos, así como una vida más larga que la nuestra. Son más sabios que nosotros en tanto que no los escuchamos. Pero cuando hemos aprendido a escuchar a los árboles, entonces la brevedad, la rapidez y las prisas infantiles de nuestros pensamientos cobran una alegría sin par. Quien ha aprendido a escuchar a los árboles ya no desea ser un árbol. No desea ser otra cosa más que lo que es. Eso es la patria. Eso es la felicidad.

32. [Una vez plantaron un árbol…]

María Sotomayor

Madrid, 1982

Una vez plantaron un árbol en el patio de mi casa, luego con los años cuando el árbol se hizo grande y levantó el suelo, los vecinos nos hicieron cortarlo. La cicatriz sigue ahí, como todas las cicatrices.

33. APARIENCIA DE ÁRBOL

Yolanda Blanco
Nicaragua, 1954

Necia yo
si un día desprecié
mi apariencia de árbol.
Palpo ahora mi cuerpo de hojas
de ramas y de agua,
siento en mis labios riendo
coludos pequeños y begonias,
sé que soy de lima
de mimbros
de pitahaya
que soy de cepas
y así voy, crezco y me levanto.
Yo
Yolanda
quiero agradecer,
borrar de mí ese pasado.

34. MI OTOÑO

Wang Wei

China, 701-761

Mi otoño: entro en la calma,
lejos el mundo y sus peleas.
No más afán que regresar,
desaprender entre los árboles.
El viento del pinar abre mi capa,
mi flauta saluda a la luna serrana.
Preguntas, ¿qué leyes rigen «éxito» y «fracaso»?
Cantos de pescadores flotan en la ensenada.

35. PERPETUA ENCARNADA (fragmento)

Octavio Paz

México, 1914-1998

Tiemblan los intrincados jardines
juntan los árboles las frentes
cuchichean
El día
arde aún en mis ojos
Hora a hora lo vi deslizarse
ancho y feliz como un río
sombra y luz enlazadas sus orillas
y un amarillo remolino
una sola intensidad monótona
el sol fijo en su centro
Gravitaciones
oscilaciones de materia impalpable
blancas demoliciones
congregaciones de la espuma nómada
grandes montañas de allá arriba
colgadas de la luz
gloria inmóvil que un parpadeo
vuelve añicos
Y aquí abajo
papayos mangos tamarindos laureles
araucarias excelsas chirimoyos
el baniano
más bosque que árbol
verde algarabía de millones de hojas
frutos negruzcos bolsas palpitantes
murciélagos dormidos colgando de las ramas.

36. LOS ROBLES

(fragmento)

Rosalía de Castro

Santiago de Compostela, 1837-1885

Bajo el hacha implacable ¡cuán presto
en tierra cayeron
encinas y robles!;
y a los rayos del alba risueña,
¡qué calva parece
la cima del monte!

37. EL ESPINO SOLITARIO

Canción popular de Hungría

Susurran las espinas.
Sopla el viento.
Tiembla el espino solitario.
Cuando la luna lo cubre con su velo,
se transforma en una muchacha
que está llorando.

38. BLANQUIAZUL
(fragmento)

Pura del Prado

Cuba, 1931-1996

Iroko, la madre Ceiba
con sus copitos de plata,
su algodón de vuela pluma,
hojita verde en su falda.
Raíz de blancas virtudes,
sombra fresquita de nata,
cuna en que duerme la Isla,
mosquitero de enramada.
Aposento de los santos
el palomar de su casa
con entra y sale ligero
de níveas luces y alas.
[...]

Se sabe que por las noches
las Ceibas juegan y charlan
y levantan sus raíces
para andar por la sabana.
Salen a hacerse visitas
montadas en la volanta
del aire de medianoche
que por el monte cabalga.
Y acuden a sus tertulias,
paliques y contradanzas.
La inmensa Iroko se agita
y con sus raigones baila.
[…]

La Ceiba no crece solo
porque han querido sembrarla
como una mata cualquiera,
sin religión y sin nada.
Se toca tambor de fiesta
cuando van a bautizarla,
hay remandingo de gallos
y de gallinas que bailan.
Hay que ligarla a la suerte
y a la salud con alianza
y tiene madrina el árbol
de la risa endomingada.
Los cirios de los velorios
bajo su sombras se enraízan
así el difunto no sufre
de tinieblas solitarias.
Ella es la madre de todos
y en todas las lenguas habla
para entreabrirle a sus hijos
las puertas de la plegaria.
[…]

39. UN ARBOLILLO ERA ESTE PINO

Saigyō

Japón, 1118-1190

Un arbolillo era este pino
que vi hace años en el jardín:
corpulento, sus altas
ramas musitan que pasa el tiempo,
llega la tormenta.

40. PUEDE SER SIN TÍTULO

Wisława Szymborska
Polonia, 1923-2012

Ocurre que estoy sentada bajo un árbol,
a la orilla del río,
en una mañana soleada.
Es un suceso banal
que no pasará a la historia.
No son batallas ni pactos
cuyas causas se investigan,
ni ningún tiranicidio digno de ser recordado.

Y sin embargo estoy sentada junto al río, es un hecho.
Y puesto que estoy aquí,
tengo que haber venido de algún lado
y antes
haber estado en muchos otros sitios,
exactamente igual que los descubridores
antes de subir a cubierta.

El instante más fugaz también tiene su pasado,
su viernes antes del sábado,
su mayo antes de junio.
Y son tan reales sus horizontes
como los de los prismáticos de los estrategas.

El árbol es un álamo que hace mucho echó raíces.
El río es el Raba, que fluye desde hace siglos.

No fue ayer cuando el sendero
se formó entre los arbustos.
El viento, para disipar las nubes,
antes tuvo que traerlas.

Y aunque no sucede nada en los alrededores,
el mundo no es más pobre en sus detalles,
ni está peor justificado ni menos definido
que en la época de las grandes migraciones.

No solo a las conjuras acompaña el silencio.
Ni solo a los monarcas un séquito de causas.
Y pueden ser redondos no solo los aniversarios,
sino también las piedras solemnes de la orilla.

41. UN ABETO ESTÁ SOLO

Heinrich Heine

Alemania, 1797-1856

Un abeto está solo
al norte, sobre una colina desnuda,
se adormece envuelto en la manta
blanca que hielo y nieve le ofrecen.
Sueña con una palmera
que, en el oriente lejano,
silenciosa y sola se lamenta
sobre un peñón abrasado.

42. SIN PALABRAS

Gioconda Belli
Nicaragua, 1948

Yo inventé un árbol grande,
más grande que un hombre,
más grande que una casa,
más grande que una última esperanza.

Me quedé con él años y años
bajo su sombra
esperando que me hablara.
Le cantaba canciones,
lo abrazaba,
le rascaba su rugosa corteza
entretejida de helechos,
mi risa reventaba flores en sus ramas,
y a cada gesto mío le crecían hojas,
le brotaban frutas...
Era mío como nunca nada ha sido mío,
pero no me hablaba.
Yo vivía pendiente de sus ruidos,
oyendo su suave aleteo de mariposa,
su crujido de animal de la selva
y soñaba su voz como un hermoso canto,
pero no me hablaba.

Noches enteras lloré a sus pies,
apretujada entre sus raíces,
sintiendo sus brazos sobre mí,
viéndolo erguido sobre mí,
sabiendo que me estaba pensando,
pero no me hablaba…

Aprendí a cantar como pájaro,
a encenderme como luciérnaga,
a relinchar como caballo.
A veces me enfurecía y hacía que se le cayeran
todas las hojas, se quedaba desnudo y avergonzado
ante los guanacastes,
esperando que —tal vez— entendería por mal,
como algunos hombres,
pero nada.

Aprendí tantas cosas para poder hablarle,
me desnudé de tantas otras necesidades
que olvidé hasta cómo me llamaba,
olvidé de dónde venía,
olvidé a qué especie animal pertenecía
y quedé muda y siempreverde
—esperanzada—
entre sus ramas.

43. LA PALMERA

Poema atribuido a Abderramán I

Siria, 731-788

Una palmera surgió ante mí en medio de Rusafa
en Occidente, lejos del país de las palmeras.
Le dije: Eres semejante a mí en el exilio
y en la ausencia de hijos y familia.
Has crecido en una tierra extraña
y, como yo, estás desterrada.
Que las densas nubes matutinas te rieguen,
ellas que extraen su agua de los astros.

44. PAZ

Alfonsina Storni
Argentina, 1892-1938

Vamos hacia los árboles… el sueño
se hará en nosotros por virtud celeste.
Vamos hacia los árboles; la noche
nos será blanda, la tristeza leve.
Vamos hacia los árboles, el alma
adormecida de perfume agreste.
Pero calla, no hables, sé piadoso;
no despiertes los pájaros que duermen.

45. TRES ÁRBOLES

Gabriela Mistral

Chile, 1889-1957

Tres árboles caídos
quedaron a la orilla del sendero.
El leñador los olvidó, y conversan,
apretados de amor, como tres ciegos.
El sol de ocaso pone
su sangre viva en los hendidos leños
¡y se llevan los vientos la fragancia
de su costado abierto!
Uno, torcido, tiende
su brazo inmenso y de follaje trémulo
hacia otro, y sus heridas
como dos ojos son, llenos de ruego.
El leñador los olvidó. La noche
vendrá. Estaré con ellos.
Recibiré en mi corazón sus mansas
resinas. Me serán como de fuego.
¡Y mudos y ceñidos,
nos halle el día en un montón de duelo!

46. EL LIBRO DE LA NATURALEZA

César Vallejo

Perú, 1892-1938

Profesor de sollozo —he dicho a un árbol—
palo de azogue, tilo
rumoreante, a la orilla del Marne, un buen alumno
leyendo va en tu naipe, en tu hojarasca,
entre el agua evidente y el sol falso,
su tres de copas, su caballo de oros.
Rector de los capítulos del cielo,
de la mosca ardiente, de la calma manual que hay en los asnos;
rector de honda ignorancia, un mal alumno
leyendo va en tu naipe, en tu hojarasca,
el hambre de razón que le enloquece
y la sed de demencia que le aloca.
Técnico en gritos, árbol consciente, fuerte,
fluvial, doble, solar, doble, fanático,
conocedor de rosas cardinales, totalmente
metido, hasta hacer sangre, en aguijones, un alumno
leyendo va en tu naipe, en tu hojarasca,
su rey precoz, telúrico, volcánico, de espadas.
¡Oh profesor, de haber tanto ignorado!
¡oh rector, de temblar tanto en el aire!
¡oh técnico, de tanto que te inclinas!
¡Oh tilo! ¡oh palo rumoroso junto al Marne!

47. EL BOSQUE AMIGO

Paul Valéry

Francia, 1871-1945

En las sendas pensamos cosas puras,
uno al lado del otro, fugitivos,
cogidos de la mano, y pensativos
en medio de las flores más oscuras.
Íbamos solos, como enamorados,
entre la verde noche del sendero,
compartiendo el fugaz fruto hechicero
del astro que aman los enajenados.
Después, muy lejos, en la sombra densa
de aquel íntimo bosque rumoroso,
morimos —¡solos!— sobre el césped blando.
Y arriba, en medio de la luz inmensa,
¡oh, amigo del silencio más hermoso,
nos encontramos otra vez, llorando!

48. LEVE ES LA PRIMAVERA

Usuda Arō

Japón, 1879-1951

Leve es la primavera:
solo un viento que va
de árbol en árbol.

49. SOFÍA

Nâzım Hikmet

Grecia, nacionalidad turca, 1901-1963

Llegué a Sofía un día de primavera, mi amor.
La ciudad en que naciste huele a tilo.
Voy recorriendo el mundo, lo recorro sin ti.
Es ese mi destino.
Y no puedo cambiarlo.
En Sofía el árbol viene antes que la piedra
el árbol es más bello que la piedra.
En Sofía el árbol y el hombre están mezclados
uno con otro.
Y sobre todo el álamo.
Siempre parece a punto de entrar hasta tu
habitación
para sentarse sobre el tapiz rojo…
¿Preguntas si Sofía es una ciudad grande?

Las ciudades son grandes, mi amor, no por sus calles,
sino por los poetas a los cuales han levantado estatuas.
Es una gran ciudad Sofía…
Aquí, cuando la noche va cayendo, todo el mundo se echa a la calle,
mujeres, niños, jóvenes y viejos.
Hay risas, ruidos, un murmullo inmenso
un rumor a lo largo y ancho.
Van muy juntos, tomándose del brazo, o la mano en la mano…

En las noches del ramadán, en Estambul
—Munever, esa época tú no la conociste—
así nos paseábamos, ayer.
Pero ese tiempo para siempre se ha ido.
Si yo estuviera en Estambul ahora
¿pensaría siquiera en esas cosas?
Pero hallándome lejos de Estambul
todo me da pretexto a la nostalgia
y aun el locutorio de la prisión de Uskúdar.
Llegué a Sofía un día de primavera, mi amor.
La ciudad en que naciste huele a tilo.
No podría contarte la acogida de tus
conciudadanos.
La ciudad en que naciste es para mí la casa
de un hermano.
Pero ni aun en la casa de un hermano podría
hacer olvidar la propia casa.
Es un oficio duro el del exilio,
bien duro.

50. ÁRBOLES

Pilar Junco

Llanes (Asturias), 1927

Ayeri, miércoles, tevi precisión de dir al bosque que queda mismamente debaxu'l Soberrón. Valióme la pena una hora de camín pisando llamazales pe las caleyas, por más que lo admiro pa contra mí, no jallo cosa más guapa qu'un bosque; debaxu los robles y las castañares paeme que toy atopada y sin querelo, alcuérdome más de Dios que é el que los discurrió y los jezo…

Hay tantu que admirar y que considerar…

Si amiro pa baxu, el mofu suavin júndese al pisalu, las jueyas cadías ruxen contra las madreñas…, ruxen con música…, jueyas llargas de castañar, jueyas reconcomiadas de robre, jueyinas chicas d'ancina, o reondinas d'alisal…

Si amiro parriba, el sol métese per entre las jueyas verdes y allega al suelu a poquitinos, el viento jaz otra música distinta con las jueyas vivas; los páxaros de caña en caña, candunu col su pío… Pos si amiro unu por unu de cada árbol tién algo suyu, un daquel distintu; los robres son altos, pero de cada robre no se paez al otru, no hay dos robres ermanos; unu más llargu, otru más oscuru o más verde, o más pardu; las castañares toas son retorcias, pero tamién se extreman unas de las otras…

Volviendo a los robres, ello ye que hay unu, conózulu yo va muchu, que e el rey de los robres, pame que de tou'l conceyu. Quedó solu, el probe; tiempo va haberá tuvíu alredior collacios como elli y entre todos jarían bosque, pero esti que yo digo, viólos morir unu por unu, sabe Dios de qué manera, y elli, al quedase solu, entainó a ensanchar pa to los laos, y jízose fuerte, grande, copudu... Elli solu val tantu como un bosque enteru; la su rolla no i la abrazan ni tres hombres; el suelu que'elli asombra e cerca d'un día de gües, y las sos cañas ¿quién las podrá cuntar? Llenas de ñeros en primavera, aquello paez un mercau de paxarinos cantando...
Vide una noche salir la lluna per entres las sos cañas... era grandona, reonda, collorada... vinía de la mar... Diba subiendo despacín, despacín, bixorduella y zajorilla, y las jueyas pintaban i enriba dibujos negros tou'l tiempo distintos...
Quedeme sin sollutir, como agüeyada...
Biérame gustau gritar y no me atrevía a gañir...
No se me escaez del pensamentu aquella noche...

51. LOS ÁRBOLES

Adrienne Rich

Estados Unidos, 1929-2012

Los árboles de casa se están mudando al bosque,
el bosque que estuvo vacío tantos días
en el que ningún ave podía posarse
ningún insecto esconderse
ningún sol poner sus pies a la sombra
el bosque que estuvo vacío tantas noches
por la mañana estará lleno de árboles.

Durante la noche las raíces tratan
de desprenderse de las grietas
del suelo de la galería.
Las hojas se estiran hacia el cristal
pequeñas ramitas tensas del esfuerzo
ramas antes apretujadas se arrastran bajo el techo
como pacientes recién dados de alta
medio aturdidos, en busca
de las puertas de la clínica.

Yo estoy sentada dentro, con las puertas abiertas
escribiendo largas cartas
en las que apenas menciono el bosque
que se marcha de casa.
La noche es fresca, la luna entera brilla
en un cielo aún sin nubes
el olor de las hojas y los líquenes
aún se extiende como una voz por los cuartos.

Tengo la cabeza llena de susurros
que mañana guardarán silencio.
Escucha. El cristal se rompe.
Los árboles avanzan tambaleándose
hacia la noche. El viento se apresura a recibirlos.
La luna está rota como un espejo,
sus pedazos relucen ahora en la copa
del roble más alto.

52. BAJO LA SOMBRA DEL CEREZO

Kobayashi Issa

Japón, 1763-1828

Bajo la sombra
del cerezo en flor,
nadie es extraño.

53. ENTONCES SOY LOS PINOS

Idea Vilariño

Uruguay, 1920-2009

Entonces soy los pinos soy la arena caliente soy una brisa suave un pájaro liviano delirando en el aire o soy la mar golpeando en la noche soy la noche. Entonces no soy nadie.

54. CANTO DE LA SECUOYA

(fragmento)

Walt Whitman

Estados Unidos, 1819-1892

Oí al árbol majestuoso cantar el poema de su muerte.
Los leñadores no lo oyeron,
las casas del campamento no devolvieron su eco.
Los carreteros y cadeneros de fino oído, no lo oyeron,
cuando los espíritus del bosque
salieron de sus guaridas milenarias
para cantar el estribillo.
Pero mi alma lo oyó claramente.

[...]

Se ha acabado nuestra vida, ha llegado nuestro fin.
Nosotros que llenamos pacíficamente nuestro tiempo;
con la satisfacción plácida de la Naturaleza,
con un gozo inmenso y mudo,
damos paso a aquellos por quienes trabajamos en el pasado,
y les cedemos el campo.
Para ellos que fueron anunciados, para una raza más soberbia:
ellos también llenarán magníficamente su tiempo.
¡A favor de ellos abdicamos, en ellos nosotros, oh, reyes del bosque!

55. EN EL BOSQUE SIN HORAS

Jules Supervielle

Uruguay, 1884-1960

En el bosque sin horas
un gran árbol han abatido.
Un vacío vertical
tiembla con forma de fuste
junto al tronco tendido.
Buscad, buscad, pájaros,
el lugar de vuestros nidos
en este alto recuerdo
mientras aún murmura.

56. AL TEJO EN SU AGONÍA

Covadonga Vejo
Lebeña (Cantabria), 1926

Relámpagos y truenos acompañan
al tejo en su agonía.
¿Quién destrozó aquel árbol milenario
en noche negra y fría?

Luchó por defenderse, más no pudo,
el vendaval furioso le azotaba;
su voz pidiendo ayuda ya hace tiempo
ni en esa triste noche fue escuchada.

La mano del que dijo ser su amigo
en vano la esperó, más no llegaba,
y al pie del cementerio de Lebeña,
tal como hace tiempo él presintiera,
fue a dejar sus cenizas
en aquella su amada tierra.

Adiós, tejo querido,
fuiste mudo testigo de mis penas;
a la vez yo las tuyas comprendía.
¡Cuántas veces sentada ante tu tronco comparé tu tristeza con la mía!
Quiera Dios que al igual que el ave fénix
de tus cenizas resurjas algún día.

57. TARDE DE OTOÑO

Matsuo Bashō

Japón, 1644-1694

Sobre una rama seca
un cuervo se ha posado.
Atardecer de otoño.

58. EN TODAS PARTES

(fragmento)

José María Gabriel y Galán

Frades de la Sierra (Salamanca), 1870-1905

En los montes de encinas seculares
donde toda raíz profunda arraiga
todo tronco es columna inconmovible
y brazo de gigante toda rama;
allí donde en la vida se suceden,
cual recordando lo que nunca acaba,
el estallido de la yema nueva
y el caer funeral de la hojarasca,
allí, Señor del tiempo
te siente Eterno el alma.

59. EL ÁRBOL MENOS

Pedro Salinas
Madrid, 1891-1951

En el filo del hacha
me llevaron
un pedazo del mundo.
Ciprés:
largas sombras azules
en un muro encalado,
veo.
El ruiseñor cimero,
cantarín del antojo,
oigo.
Por su masa secreta,
índice vertical
del paisaje seguro,
sé.
En el filo del hacha
me lo llevaron todo.
Cierro los ojos
ante paredes blancas,
se me empapa el silencio
de ruiseñor huido,
tiemblo, inmóvil,
en campiña sin clave.

60. TIEMPO DE BOSQUE

Margarita Pintado

Puerto Rico, 1981

No se puede decir
«era la mañana en el bosque».
No existe el tiempo en el bosque. Existen
el color, la luz, la textura.
El bosque está rosado. O el marrón ha entrado
en su fase de fuego o
el bosque está azul.
Y así, sucesivamente.

Todo de pie.
Los árboles me recuerdan a él. Largos y afilados.
Tratando de ascender, rasgando sin saberlo
el cielo con su mano. Plena mansedumbre.
Los árboles son como muchachos bien criados.

El llanto de un árbol consuela los esfuerzos de mi fe.

61. [Pasé la tarde sentada en la rama más alta]

María José Ferrada

Chile, 1977

Pasé la tarde sentada en la rama más alta.
Y entonces lo supe.
Fui corriendo a contárselo a mi abuela.

El cerezo que crecía en nuestra huerta
sostenía la tierra
en su columpio de raíces.

62. ALABANZA

Yana Lucila Lema

Ecuador, nacionalidad kichwa, 1974

Hoy es un día de fiesta. Llegarás desde otro cielo. Te esperaré en el árbol de pumamaqui. Verteré agua en sus raíces. Cuidaré el rocío abundante de sus hojas y guardaré el polen de sus flores naranja. Te agradezco pechiamarillo por la sinfonía de tu canto mientras dura el amanecer de todos mis días.

63. HOMENAJE AL VIENTO Y A LOS ÁRBOLES

Adonis

Siria, 1930

DESNUDO,
el viento se pasea.

Si el espacio llorase,
como pretende la nube,
el viento sería una historia de lágrimas.

Arbol-
feminidad del viento.

En el polvo toco
los dedos del viento.
En el viento leo
la escritura del polvo.

El camino no puede avanzar de verdad
más que a través de un viento dialogante
con su propio polvo.

El polvo tiene un cuerpo
que no baila sino con el viento.

El aire- único amante
que duerme con el fuego
en la misma túnica.

El viento posa la mano derecha
en el hombro de la rosa
y se mete la izquierda en el bolsillo:
Viento- ladrón de perfume.

El viento no cosecha más que ceniza
y trabaja
como si no conociera más que la siembra.

¡Viento!-
            Establo en la ciudad
            caballo en la aldea.

… música que viene de árboles
tañidos por el viento.

El sol es más ordenado que el aire.
El aire es más justo que el sol.

El viento no firma
las cartas que escribe.

La lluvia es el bastón del aire,
el aire es el columpio de la lluvia.

Nubes- libros
que el viento desgarra.

Espacio- mar oscilante.
cuyas olas son el aire.

El polvo lee lo que no ve.
El viento dice lo que no sabe.

El viento es el dialecto
en la naturaleza.
La luz es la lengua culta.

Todo tiene un trono donde sentarse,
salvo el viento:
él es su propio trono.

El aire-
          único amante
          con quien baila la rama
mientras ella se dispone a acostarse
con otro amante.

El fuego dijo: proclamaré a la ceniza albacea.
La ceniza dijo: no escribiré mi testamento.
El viento dijo: yo seré el testigo.

Vientos- cuerpos que caminan
con pies invisibles
como de ángeles.

El viento es la cuerda que flota en el espacio
y es a la vez el artista y la música.

Viento- palabra confusa que murmura
el silencio cósmico.

El viento enseña silencio
aunque no cese de hablar.

El viento está repleto de órganos.
Los órganos estén repletos de gente.

Viento- espiración del espacio.

Danza es el viento
y todas las cosas
salones de baile.

El árbol pregunta a sus ramas
mas le responde el viento.

Árboles…
libros hojeados por el viento.

Cuando el aire se asoma
las ramas compiten
en estirar el cuello.

Humo- siembra
que solo puede cosechar
la hoz del viento.

Aire- pañuelo de la hierba.

Los árboles tienen sueños
que solo se despiertan
en la almohada del viento.

Pasos del viento-
campanas que dejan el espacio
en velación perpetua.

Hoy,
triste por el aire enfermo,
la adelfa no ha bailado.

Camino- caravana de rosales
cuyas ramas portan
un palanquín rojo.

La polvareda siempre cambia de forma
para saludar a su amado,
el viento.

Al árbol le gusta entonar canciones
que el viento no recuerda.

Oigo campanas de polvo
colgadas tristemente
al cuello del viento.

Viento- puerto único,
movimiento perpetuo
hacia lo desconocido.

64. SOLEÁ

Canto popular andaluz

Yo soy como el árbol solo,
que estaba al pie del camino
dándole sombra a los lobos.

65. EN LOS BOSQUES DE PENSILVANIA

Gloria Fuertes

Madrid, 1917-1998

Cuando un árbol gigante se suicida,
harto de estar ya seco y no dar pájaros,
sin esperar al hombre que le tale,
sin esperar al viento,
lanza su última música sin hojas
sinfónica explosión donde hubo nidos,
crujen todos sus huecos de madera,
caen dos gotas de savia todavía
cuando estalla su tallo por el aire,
ruedan sus toneladas por el monte,
lloran los lobos y los ciervos tiemblan,
van a su encuentro las ardillas todas,
presintiendo que es algo de belleza que muere.

66. SOY VERTICAL

Sylvia Plath

Estados Unidos 1932-1963

Pero preferiría ser horizontal. Yo
no soy un árbol enraizado en la tierra,
absorbiendo minerales y amor materno
para rebrotar esplendoroso cada mes de marzo,
ni tampoco la belleza del arriate del jardín
que deja boquiabierto a todo el mundo y a la que
todo el mundo quiere pintar maravillosamente,
ignorando que muy pronto se deshojará.
Comparado conmigo, un árbol es inmortal,
un racimo de flores, más bajo, aunque más llamativo,
y yo anhelo la longevidad de uno y la osadía del otro.

Esta noche, bajo la luz infinitesimal de los astros,
los árboles y las flores han estado esparciendo sus aromas frescos.
Yo paseo entre ellos, aunque no se percaten de mi presencia.
A veces pienso que cuando duermo
es cuando más me parezco a ellos—
desvanecidos ya los pensamientos.
En mí, el estar tendida, es algo connatural.
Entonces el cielo y yo conversamos abiertamente.
Y seguro que seré más útil cuando al fin me tienda para siempre:
Entonces quizás los árboles me toquen por una vez,
y las flores, finalmente, tengan tiempo para mí.

67. MUJER SALUDANDO A LOS ÁRBOLES

Dorothea Tanning

Estados Unidos, 1910-2012

Lo normal es que nadie
se dé cuenta al principio.
Me ha dado por maravillarme
de los árboles del parque.
Algo puedo deciros:
son hermosos
y lo saben.
También están exhaustos,
cientos de años
atascados en el mismo lugar:
hermosos paralíticos.
Cuando estoy a sus pies
sienten que los observo,
miran cómo agito mi necia
mano, y envidian la alegría
de ser un blanco móvil.

Los ociosos que pueblan los bancos
empiezan a fijarse.
«Hay gente para todo…»,
se oye decir.
Muchos tienen los ojos
perdidos en el suelo,
como si de verdad no hubiera nada
que mirar, hasta que
ahí va esa mujer
saludando a las ramas
de estos viejos árboles. Alzad
la frente, amigos, mirad arriba,
puede que veáis más
de lo que nunca os pareció posible,
justo ahí donde algo
la saluda tal vez para decirle
que ha visto lo maravilloso.

68. CHOPO DE INVIERNO

Dámaso Alonso

Madrid, 1898-1990

Huso de la hiladora,
a la mañana blanca y nueva,
chopo desnudo y fino:
entre la niebla,
hilas ropas de boda
para la Primavera.
Un arroyito claro
te lame el pie: se lleva
el hilillo que hilas
de tus copos de niebla;
el hilillo que hilas
y que se va cantando
entre la hierba
fresca.

69. EXISTÍAN TUS MANOS

Antonio Gamoneda
Oviedo (Asturias), 1931

Un día el mundo se quedó en silencio;
los árboles, arriba, eran hondos y majestuosos,
y nosotros sentíamos bajo nuestra piel
el movimiento de la tierra.
Tus manos fueron suaves en las mías
y yo sentí la gravedad y la luz
y que vivías en mi corazón.
Todo era verdad bajo los árboles,
todo era verdad. Yo comprendía
todas las cosas como se comprende
un fruto con la boca, una luz con los ojos.

70. QUIETUD

Susana Benet

Valencia, 1950

Con qué fijeza el gato
mira el árbol inmóvil
tras la ventana.
¿Qué remota quietud comparten ambos?
Se adormece en el gato la madera.
Abre el árbol los ojos extasiados.

71. CANCIÓN DEL JACARANDÁ

María Elena Walsh
Argentina, 1930-2011

Al este y al oeste
llueve y lloverá
una flor y otra celeste
del jacarandá.

La vieja está en la cueva
pero ya saldrá,
para ver qué bonito nieva
del jacarandá.

Se ríen las ardillas
ja jaja jajá
porque el viento le hace cosquillas
al jacarandá.

El cielo en la vereda
dibujado está
con espuma y papel de seda
del jacarandá.

El viento como un brujo
vino por acá.
Con su cola barrió el dibujo
del jacarandá.

Si pasa por la escuela
los chicos, quizá,
se pondrán una escarapela
de jacarandá.

72. LA VIDA

Marcos Ana

Alconada (Salamanca), 1920-2016

Decidme cómo es un árbol.
Decidme el canto de un río
cuando se cubre de pájaros.
Habladme del mar. Habladme
del olor ancho del campo.
De las estrellas. Del aire.
Recitadme un horizonte
sin cerradura y sin llaves
como la choza de un pobre.
Decidme cómo es el beso
de una mujer. Dadme el nombre
del amor: no lo recuerdo.
(¿Aún las noches se perfuman
de enamorados con tiemblos
de pasión bajo la luna?
¿O solo queda esta fosa,
la luz de una cerradura
y la canción de mis losas?).
22 años. Ya olvido
la dimensión de las cosas,
su color, su aroma... Escribo
a tientas: «El mar», «El campo» ...
Digo «Bosque» y he perdido
la geometría del árbol.

Hablo por hablar de asuntos
que los años me borraron.
… … … … … … …
(No puedo seguir: escucho
los pasos del funcionario).

73. NO ME DEJES PARTIR, ALGARROBO

Atahualpa Yupanqui
Argentina, 1908-1992

No me dejes partir, viejo algarrobo…
levanta un cerco con tu sombra buena,
átame a la raíz de tu silencio
donde se torna pájaro la pena.
Vengo de un mundo lleno de caminos,
montaña, selva, mar, prado y arena.
¡Traigo una sed de paz, tan infinita!…
Hazme un nido de amor para mi pena.
Yo siempre fui un adiós, un brazo en alto,
un yaravi quebrándose en las piedras;
cuando quise quedarme vino el viento,
vino la noche y me llevó con ella.
Mucho tiempo te vi quieto en la tarde,
nada cerca de ti, solo tu fuerza.
Tu balsámica sombra es como el beso
del aura vesperal sobre la tierra.
No me dejes partir, viejo algarrobo,
que ya no sé decir: ¡Hasta la vuelta!…
Hay un río profundo que me llama
desde el antiguo valle de mi pena.
Que en ti se anuden todos los caminos
como un brazo tenaz de enredadera
y no haya más rumor que el de la tarde,
cuando pasa descalza por la arena.

74. NO BASTA ABRIR LA VENTANA

Fernando Pessoa

Portugal, 1888-1935

No basta abrir la ventana
para ver los campos y el río.
No basta no ser ciego
para ver los árboles y las flores.
Es necesario también no tener filosofía alguna.
Con filosofía no hay árboles: apenas hay ideas.
Solo hay cada uno de nosotros, como una cueva.
Solo hay una ventana cerrada, y el mundo entero allá afuera;
y un sueño de lo que se podría ver si la ventana se abriera,
que nunca es lo que se ve cuando se abre la ventana.

75. EL TIEMPO DE LAS PLANTACIONES

Julia Otxoa

San Sebastián (Guipúzcoa), 1953

En invierno,
al llegar el tiempo de las plantaciones,
me gusta contemplar
ese desfile de jardineros desarmados
cruzando la ciudad,

llevando sobre sus hombros
en lugar de fusiles
árboles dormidos.

Esa imagen es para mí
tan hermosa
que vence toda la sinrazón
de la barbarie en la que estamos,

algo así,
como asistir a la poderosa fragilidad
de las raíces de la menta
levantando las piedras.

NOTAS A LOS POEMAS

1

La primera versión de este poema de Hamid Tibouchi la encontramos en *El libro de los árboles* de Gaud Morel (Madrid: Altea, 1987). Tibouchi nos confesó que antes que poeta se siente pintor, artista en todo caso que permanece fiel a los orígenes y se inspira en la naturaleza, la tierra, la tradición… El autor tuvo la amabilidad de enviarnos la traducción al español de Pilar González España, que aquí ofrecemos.

2

Durante su juventud, Ryōnen Gensō fue dama de la emperatriz de Japón hasta que esta falleció de modo repentino. Quiso entonces estudiar Zen, pero su familia le obligó a casarse. A los veinticinco años se rapó la cabeza, tomó el nombre de Ryōnen (que significa «comprender con claridad») y renunció a todo. Intentó que dos maestros diferentes la acogieran como discípula, pero la rechazaron aduciendo que era demasiado hermosa. Entonces desfiguró su rostro con un hierro al rojo y fue aceptada. Escribió así este poema detrás de un espejo: «Como dama de mi emperatriz, quemé incienso para perfumar mis hermosos ropajes. Ahora, como pobre sin hogar, quemo mi rostro». El poema «Pinos y cedros» que hemos escogido, lo escribió poco antes de su muerte. Traducción de Javier Villalba, especialista en la cultura del budismo zen y sus artes. El aparente error entre los sesenta y seis años a los que alude el poema y los sesenta y cinco años que vivió según sus biografías, se debe a que en esta tradición se contabiliza el tiempo de gestación como un año más de vida. Por lo demás aconsejamos encarecidamente la lectura de otros poemas de esta autora.

3

No podemos ocultar nuestra especial admiración por la obra de Juan Ramón Jiménez, la sensibilidad del poeta hacia el árbol, uno de sus más impresionantes legados, llega hasta el fin, tal como escribe en su poema «Viaje definitivo»: «Y yo me iré. Y se quedarán los pájaros cantando; / y se quedará mi huerto con su verde árbol / y con su pozo blanco».

4

De la sensualidad y vitalidad que rezuma la obra de Juana de Ibarbourou traemos otra muestra que como buena parte de sus poemas sucede en el bosque, en el campo, en la tierra, entre musgos y cortezas: «¡Ay, quisiera llevarte conmigo. / A dormir una noche en el campo. / Y en tus brazos pasar hasta el día. / Bajo el techo alocado de un árbol».

5

Irma Pineda escribe poesía en diidxazá (zapoteco istmeño) porque no quiere olvidar el idioma que le da la vida. Le gusta vagar por el mundo, pero procura vivir en Juchitán, Oaxaca, porque ahí está su ombligo y se consigue buen mezcal. Este poema pertenece al libro *Doo yoo ne ga' bia'* «De la casa del ombligo a las nueve cuartas» (Ciudad de México: CDI, 2008). A petición de la autora, defensora de la tradición, la lengua y el paisaje tradicional, incluimos aquí el texto original en diidxazá: *Cayuunda gunaa: / Baduhiini sicarú stine' / ni jmá nadxii ladxidua' / bixhozelu' ni nadxii lii / ma gudxiide layu' / xha ñee ti yaga ro' / ra guiapa guisu doo yoo / Guisu ca nalaga, naga'nda / ti guisiila'dxi' xquendalu'/ layú sti bixhosegolanu cayapa laa / layú ni guluu gúdxacabe ne nisaluna/ ni guluu ndaayacabe ne dxiiña' / Yaga ca naro'ba / nalaga xpandá' / ziula ne nadipa' na' / ti qui chu' dxi guniná gubidxa lii / ne bi yooxho que quiñentá lii.*

6

Canto tradicional de la tribu de los kubas de la región del Congo Central recogido por el escritor y editor alemán Ulli Beier: *African Poetry. An Anthology of Traditional African Poems,* Cambridge University Press, 1966, p. 25. La traducción que aquí presentamos es de Robert Rivas.

7

Incluimos otro texto de un artista que es evidentemente más pintor, escultor y ceramista que poeta y, sin embargo, expresa de forma magistral con estas palabras un sentimiento de identificación con el árbol que nos reconcilia de algún modo con el ser humano, elevado aquí a una categoría vegetal. Texto: «Mont-roig, els garrofers» en Joan Miró, *L'Arrel i l'indret*, cat. exp. Sala d'exposicions Portal de santa Madrona, Barcelona, 1993, p. 30. El texto original:

Per a mi un arbre no és un arbre, una cosa que pertany a la categoría vegetal, sinó una cosa humana, una cosa viva. [...] Un arbre és un personatge, sobretot el arbres del meu país, els garrofers. Un personatge que parla, que té fulles. Que és fins i tot inquietant. A vegades poso un ull o una orella als arbres. L'arbre hi veu i hi sent. [...] Sempre viatjo amb una garrofa dins dun sobre. És un ritu. Per a mi i per a Catalunya. Els garrofers conserven sempre les fulles. La verdor té un enorme poder. Jo li sóc fidel, al garrofer, i de quina manera! A Mont-Roig i aquí a París.

8

Joumana Haddad: traductora, poeta y periodista, tiene el coraje de exaltar la sensualidad, la libertad sexual, la vitalidad y el feminismo, la independencia y la libertad; en un entorno, en ocasiones, hostil hacia estas formas de ver y entender el mundo. Su éxito se debe en gran parte a su naturalidad y valentía, pero también a la elegancia y la belleza con la que se expresa en todas sus facetas profesionales. Algunas de sus publicaciones más recientes en español: *Yo maté a Sherezade. Confesiones de una mujer árabe furiosa* (Barcelona: Debate, 2011, ensayo) y *Supermán es árabe* (Madrid: Vaso Roto Ediciones, 2014).

9

Chabuca Granda es más conocida como cantante y compositora que como poeta. Suya es, entre otras, la famosa canción «La flor de la canela», conocida en todo el mundo hispanoamericano. El protagonista de este poema es un gran cedro, que continúa viviendo en Miraflores gracias a la intervención de Chabuca. Se cuenta que la mañana del 3 de septiembre de 1977, la cantautora, que tenía su ventana frente al árbol, vio a los operarios del ayuntamiento dispuestos a talarlo. Bajó corriendo las escaleras y se interpuso abrazando el tronco y gritando: «primero me mutilan a mí, antes que al árbol».

10

Julieta Dobles es una poeta y escritora de larga trayectoria literaria, que ha ejercido también diversos oficios como docente universitaria, diplomática, antologista... Amante de los árboles y la naturaleza, los trae con frecuencia a su obra como evocaciones de ese paraíso perdido y, a veces, encontrado; como en su poema «De niños y árboles»: «...Y yo me quedo meditando, inquieta, / sobre la alianza clandestina y magnífica / entre los niños y los árboles, / como si ambos supieran algo / que yo olvidé, desmemoriada ahora / de tantos esplendores/ que se quedaron lejos, / en el portón veraz y clausurado / de mi infancia».

11

Lorca destila con frecuencia en sus versos la luz de los árboles como preciosa fuente de inspiración. No nos resistimos a incluir otro de sus poemas arbóreos, el titulado «Cortaron tres árboles», que habla de la ausencia: «Eran tres. / (Vino el día con sus hachas.) / Eran dos. / (Alas rastreras de plata.) / Era uno. / Era ninguno. / (Se quedó desnuda el agua.)».

12

Neruda es el Poeta con mayúsculas al que tanto admiramos en su oficio de poeta que hemos terminado utilizando una frase que nos estremece y ruboriza más que ninguna otra declaración de amor que hayamos escuchado. «Quiero hacer contigo lo que la primavera hace con los cerezos».

13

María Isabel Lara Millapan es una poeta de origen mapuche que ha mamado desde su infancia el amor hacia la Tierra y la naturaleza y utiliza el español y su idioma materno, el mapudungun, para expresar estos valores y transmitirlos. Como pedagoga trabaja a diferentes niveles en la enseñanza universitaria y la divulgación general.

14

Franklin Mieses Burgos es un poeta audaz y surrealista que encuentra en la naturaleza, en el mar y en la vegetación exuberante, motivos para la expresión de su desbordada creatividad. Se trata de uno de los fundadores del movimiento dominicano denominado «Poesía sorprendida». Sus convicciones democráticas le llevaron a enfrentarse a la dictadura de Rafael Trujillo.

15

Pese a no ser tan conocido como otros de Rudyard Kipling, el libro *Puck de la colina de Pook* es sin duda uno de nuestros favoritos. Muy recomendable para niños, para leer a los niños y para adultos. «A Tree Song». *Puck of Pook's Hill, Nueva York: Doubleday, Page & Company,* 1906. Traducción del poema original de Marina Abella.

16

Yannis Ritsos, poeta políticamente comprometido en la lucha contra el nazismo y la dictadura. Formó parte de la resistencia en la Segunda Guerra Mundial y fue recluido en campos de concentración, deportado y censurado. Su obra se ha llegado a quemar públicamente durante la dictadura de Ioannis Metacas. Poema incluido en *Sueño de un mediodía de verano,* Ciudad de México: FCE, 1986. Traducción de Selma Ancira.

17

Vicente Aleixandre escribió este poema inspirado en la Olma de la plaza de Miraflores de la Sierra (Madrid), pueblo que frecuentó desde 1925 y en el que el olmo recibe el nombre de «álamo», como en otros lugares de Castilla. Se dice que uno de los últimos deseos del poeta en su lecho de muerte fue que le trajeran unas hojas de este árbol y le llevaron una rama y semillas. Murió el poeta en 1984 y, unos años más tarde, en 1989, moriría de grafiosis la olma de sus versos. Poema incluido en *Sombra del paraíso*, Madrid: Adán, 1944.

18

Antonio Rigo. *Poemas del bosque y de la lluvia*. Editorial Baile del Sol. 2008. En una entrevista realizada por Inés Matute, el poeta declara: «La poesía es mi vida. Hace ya años que decidí vivir todos y cada uno de mis actos lo más cerca posible de lo que yo considero poesía, es decir, observar la naturaleza, saber y conocer qué luna gobierna, acariciar el árbol, admirar a los animales y hablar con el agua…». Poema incluido en *Poemas del bosque y de la lluvia*, Tegueste: Editorial Baile del Sol, 2008.

19

La poesía transparente de Ángel González traspasa los límites de la literatura para embarcarse en numerosas aventuras musicadas. Entre otras mentaremos la de Pedro Ávila en el disco *Acariciado mundo* (12 poemas de Ángel González, 1987), la de Pedro Guerra en su libro-disco *La palabra en el aire* (2003) o la de Joaquín Sabina que en 2009 le dedica la canción «Menos dos alas» incluida en su álbum *Vinagre y rosas*. La obra de este poeta es tan enorme que el lector se encuentra minúsculo y humilde frente a un mundo vasto, inabarcable y misterioso: «…lo mismo que una hormiga que no sabe salir de la rama de un árbol en el que se ha perdido». (De su poema «Así nunca volvió a ser»).

20

Fue nuestra amiga Mar Verdejo, amante de los árboles y los océanos, quien nos puso en la pista de este poema y de la vida y obra de la poeta y maestra Celia Viñas, que dejó una profunda huella en generaciones de alumnos a los que enseñó el placer de leer y de aprender. Pasó gran parte de su vida enseñando en Mallorca, donde dejó una profunda huella y aún se le recuerda y homenajea. Sus últimos años transcurrieron en Almería, que fue de algún modo su patria chica. Como otros muchos docentes de su época, Celia Viñas sacaba a los niños del aula siempre que era posible, para que disfrutaran de la libertad de la naturaleza. Son elocuentes de su legado estas palabras suyas: «Hoy se lee y se escribe en Almería. Los muchachos jóvenes no se avergüenzan de su sensibilidad y las niñas leen menos novelas rosa. ¿Cómo lo consigo? Mi labor no se limita a la cátedra, soy amiga de tantos como puedo, confidente de muchos, bibliotecaria de todos…».

21

Encontró en la naturaleza una de sus principales musas y utilizó el haiku y los temas universales como herramientas y motivos de expresión: «El periódico, gran mariposa sucia». En 1990 sufre una hemiplejia que no le permite hablar, pero sí continuar con la escritura tal como él mismo pareció vaticinar en su poema de 1979, «La Plaza salvaje»: «Cansado de todos los que llegan con palabras, palabras, pero no lenguaje. / Parto hacia la isla cubierta de nieve. / Lo salvaje no tiene palabras…». Poema incluido en *El cielo a medio hacer*, Madrid: Nórdica Libros, 2010. Traducción de Roberto Mascaró.

22

Alberti necesita pocas presentaciones, es la viva imagen de la coherencia. Pintor y poeta de la Generación del 27. Exiliado del franquismo y comprometido políticamente hasta el fin. Obtiene numerosos premios literarios, pero renuncia al Príncipe de Asturias por sus convicciones republicanas. Poema incluido en *Poemas de Punta del Este* (1945-1956).

23

Anna Ajmátova comenzó a escribir muy tempranamente. Al comprobar el rechazo de su padre hacia la poesía, adoptó el apellido de su abuela por el que hoy es conocida. Vivió la Revolución rusa de 1917 y fue perseguida y represaliada, censurada y deportada por el régimen soviético que reprimió también duramente a su familia. Pese a todo y en estas terribles condiciones continuó construyendo su obra creativa, formó parte del movimiento acmeísta y escribió sin ceder al desaliento, quizá para conjurar la soledad y la muerte que son los grandes temas de su vida. Traducción de Marta Sánchez-Nieves.

24

Philip Larkin es uno de los más célebres autores ingleses. Poeta, novelista y bibliotecario, su obra rezuma escepticismo y pesimismo y su posicionamiento social y político ha sido muchas veces controvertido por sus opiniones racistas y misóginas. Poema incluido en *Poesía reunida*, Barcelona: Lumen, 2014. Traducción de Marcelo Cohen.

25

De Friedrich Hölderlin añadiremos aquí este fragmento de su obra *Hiperión*, que refleja muy bien su manera de sentir: «... ser uno con todo lo viviente, volver en un feliz olvido de sí mismo, al todo de la naturaleza. A menudo alcanzo esa cumbre... pero un momento de reflexión basta para despeñarme de ella. [...] Ojalá no hubiera ido nunca a vuestras escuelas, pues en ellas es donde me volví tan razonable, donde aprendí a diferenciarme de manera fundamental de lo que me rodea; ahora estoy aislado entre la hermosura del mundo, he sido así expulsado del jardín de la naturaleza, donde crecía y florecía, y me agosto al sol del mediodía. ¡Oh, sí! El hombre es un dios cuando sueña y un mendigo cuando reflexiona». Traducción de Isabel Hernández.

26

Los primeros años de la vida de William Wordsworth transcurrieron en el medio rural y lo marcaron muy profundamente. Con frecuencia escribe sobre la naturaleza que según dijo «lo inició a la vida». El poema original se titula «Yew-Trees» y se publicó en *The English Poets, vol. IV, ed. de Thomas Humphry Ward, 1880-1918*. Traducción de Marina Abella. Es también famoso su poema dedicado a otro árbol, el Roble de Guernica «The Oak of Guernica» (1810).

27

La poesía de Esthela Calderón es por una parte un canto a la vida y a la libertad, por otra una denuncia de las atrocidades de la conquista y la opresión que ejerce el ser humano sobre sus congéneres y sobre la propia Tierra. Ama a los árboles y este hecho trasciende con frecuencia en su obra, que tiene, entre otras originalidades, una faceta de poesía etnobotánica, con un canto a las relaciones tradicionales de los paisanos nicaragüenses con las plantas y la naturaleza. En uno de sus poemas describe así la relación con el árbol de su infancia: «Lo amó a su conveniencia, y él la amó radiante y dulcemente hasta en sus sueños». Poema incluido en *Los huesos de mi abuelo,* Madrid: Amargord Ediciones, 2018.

28

De nacionalidad finlandesa, Edith Södergran nació en San Petersburgo. Aunque no obtuvo un gran reconocimiento en vida, su obra escrita en sueco, ayudó a liberar la poesía nórdica del estrecho corsé tradicional. Tuvo una vida muy dura y podría decirse que se refugió de la oscuridad del mundo en la poesía, dejando un legado lleno de melancolía, pero al mismo tiempo fresco y luminoso. Poema incluido en *Encontraste un alma,* Madrid: Nórdica Libros, 2017. Traducción de Neila García.

29

Si'ahl/Ted Perry. *Cada parte de esta tierra es sagrada para mi pueblo.* Edición bilingüe Jordi Pigem. Akiara books. Barcelona, 2019. Este pequeño fragmento pertenece a una de las versiones de la carta que supuestamente envió Si'ahl, más conocido como Seatl o el Jefe Seattle, al presidente de los Estados Unidos en 1854. La realidad es que un discurso de Noah Seatl, líder de las tribus suquamish y duwamish, fue traducido, transcrito y publicado en 1887 por el doctor Henry A. Smith. Este texto serviría de inspiración, y alcanzaría la forma que hoy resulta más conocida, en la versión ecologista y romántica de Ted Perry, redactada en 1970. Aquí apenas puede reconocerse alguna idea del discurso original del jefe Seatl, y, sin embargo, este hermoso alegato ha tenido una extraordinaria difusión y repercusión, hasta convertirse en una especie de patrimonio de la humanidad. Pensamos que, al margen de la autoría, todos los seres humanos podemos compartir la filosofía atemporal y la poesía que evocan las palabras de este manifiesto por la vida y la conciencia. Jordi Bigues ha investigado sobre la autoría y contribuido a aclararnos las fuentes originales. Jordi Pigem nos ha facilitado el texto original de Ted Perry y aclarado otros aspectos. Finalmente, Ted Perry ha autorizado la publicación de esta traducción del inglés de Marina Abella. Poema incluido en *Cada parte de esta tierra es sagrada para mi pueblo,* ed. bilingüe de Jordi Pigem, Barcelona: Akiara Books, 2019.

30

Jorge Teillier es otro poeta con raíces que escribe desde su niñez. Toda su obra tiene un aroma de recuerdo y nostalgia de paraísos perdidos, quizá por ello el campo y el árbol están muy presentes en su obra. Pero el paraíso y la infancia parecen cada vez más lejos: «¿Quién recogerá esas manzanas donde aún brilla un sol de otra época? La cerca se pudre. La ortiga invade el jardín» (de su poema «Twilight»).

31

Hermann Hesse es uno de los escritores más influyentes de nuestro tiempo, su pacifismo en los albores de la Primera Guerra Mundial le obligó a refugiarse en Suiza y adoptar esta nacionalidad. En toda su obra, el árbol, el río, la naturaleza, son protagonistas y maestros, más que meros escenarios. El texto que hemos elegido está extraído de la obra *El caminante*. Traducción de Isabel Hernández.

32

Poeta y artista multidisciplinar, además de publicar como autora, es una voraz lectora, librera y editora. Escribe desde muy niña, a mano y publica también en el blog *Cartas desde Reykjavik*. En toda su obra encontramos esa rara mixtura de belleza, inteligencia y sensibilidad. Texto incluido en *La paciencia de los árboles*, Mérida: Letour1987, 2015.

33
Yolanda Blanco reivindica y ensalza la feminidad individual y colectiva e incluso el impulso creador femenino del mundo natural. En su obra se identifica y convierte en lluvia fecundante o árbol frondoso; pero la sensualidad, la alegría y la belleza de sus poemas contrasta a veces con el discurso comprometido y la lucha contra la opresión del régimen somocista.

34
De Wang Wei, poeta y pintor chino, vivía en una cabaña humilde a orillas del río Wang y se dice que tan solo poseía una tetera y su lecho. Se alimentaba con las hierbas que recogía. Texto incluido en *Poemas del río Wang*, Madrid: Ediciones de Oriente y del Mediterráneo, 1999. Traducción de Juan Ignacio Preciado.

35
«La tinta verde crea jardines, selvas, prados, follajes donde cantan las letras, palabras que son árboles, frases que son verdes constelaciones». De la obra de Octavio Paz es difícil extractar algo, todo tiene provecho y rezuma grandeza. De su vida podemos destacar el desencanto del comunismo, el compromiso y la coherencia incluso cuando debía criticar y enfrentarse «a los suyos». © 2022, Por la titularidad de los derechos para las obras de Octavio Paz, Sistema para el Desarrollo Integral de la Familia de la Ciudad de México.

36
En el mismo cementerio de Adina en el que Cela fue sepultado en 2002, se había enterrado también en 1885 a Rosalía de Castro, a la sombra de los olivos centenarios que ella misma cantara: «*O simiterio d´Adina / N´ay duda qu´e encantador / C´os seus olivos escuros / De vella recordaçón…*» Mucho más tarde el grupo Norfolk pondría música a estos versos. Los restos de la poetisa fueron trasladados en 1891 a la iglesia de Santo Domingo en Santiago de Compostela.

37

Mi amigo Laszlo Bagossy, húngaro con alma nómada, me tradujo esta preciosa canción popular. También me dijo que dondequiera que encuentra robles y fresnos como los de su Hungría natal, se siente como en casa. La poesía es muchas veces un estado, un viaje o un sentimiento, más que un conjunto de palabras.

38

Conocimos a Pura del Prado por recomendación de Natalia Bolívar, la gran voz de la tradición afrocubana. Desde entonces no hemos podido dejar de sentir sus versos que desbordan pasión, espiritualidad y erotismo, tierra y cielo. Pero nadie mejor que ella para definirse: «Pura del Prado, cubana [...], ciudadana del amor, conflicto viviente [...]. Ha amado, parido, publicado, combatido, acertado y errado atrozmente [...] Ha sido elogiada y escarnecida, traducida e ignorada, antologada y olvidada [...] Ha conocido el infinito de la compañía y el abismo feroz de la soledad...» (escrito por la propia autora para las solapas de su libro *Idilio del girasol*).

39

«El hombre crece como un árbol» dice un proverbio japonés. La obra de Saigyō está íntimamente ligada a la naturaleza y es fiel reflejo de una vida entera dedicada a la contemplación. Monje poeta, ermitaño y peregrino, sus viajes inspiraron al propio Matsuo Bashō. Poema incluido en *Espejo de la luna,* Madrid: Miraguano, 1989. Traducción de José Kozer.

40

Además de la hondura de los versos de la poetisa polaca Wisława Szymborska, es preciso señalar la ruptura con las convenciones literarias de la época y el abandono de la retórica y la «doctrina» imperante, para encontrar caminos propios, llenos de fuerza, inteligencia, ironía, amor y complicidad con el lector.

41

El origen judío de Heinrich Heine y su compromiso político le condujeron a la exclusión y el exilio, pese a su gran éxito como escritor. Traductor y admirador del *Quijote* supo romper los moldes y estereotipos de la literatura romántica de la época, aportando un aire fresco y crítico en toda su obra. Traducción de Germain Droogenbroodt y Rafael Carcelén, publicada en la página web de la editorial Point: https://www.point-editions.com/es/a-pine-tree-stands-lonely/, última consulta: 5/10/22.

42

Exiliada política por el régimen de Somoza al que se opuso, Gioconda Belli participó activamente en la resistencia y a la caída del dictador ocupó algunos cargos en el Gobierno. En 1986 deja estos cargos para dedicarse a su primera novela. Su obra poética es extensa y ha sido musicada en clave de *jazz* por la cantante catalana Carme Canela que editó un libro con sus poemas: ***Carme Canela canta Gioconda Belli. Sencillos Deseos*** (2008).

43

Poema atribuido a Abderramán I (el inmigrado), dedicado a la palmera que, según la leyenda, él mismo habría plantado en Córdoba. Este príncipe nacido en Damasco llegaría a ser emir de la ciudad de Córdoba en la que murió, y el poema expresa la añoranza de su tierra natal. Poema incluido en *Prodigios. Una antología de poesías árabes*, Barcelona: Libros del Zorro Rojo, 2017. Traducción de María Luisa Prieto.

44

Alfonsina Storni nació en Suiza en 1892, y en 1896 viajó a su patria, Argentina. La conocimos como tantos otros por el hermoso poema «Alfonsina y el mar», que canta el enigma de su suicidio: «Te vas Alfonsina con tu soledad, / ¿qué poemas nuevos fuiste a buscar? / Una voz antigua de viento y de sal/ te requiebra el alma y la está llevando/ y te vas hacia allá como en sueños, / dormida, Alfonsina, vestida de mar». Su obra libre de complejos y convencionalismos terminó de forma abrupta cuando le diagnosticaron un cáncer. Escribió un último poema de despedida, «Voy a dormir», que envió al diario *La Nación*, pocas horas antes de internarse para siempre en el mar.

45

De la gran poetisa chilena Gabriela Mistral hemos escogido esta frase: «Donde haya un árbol que plantar, plántalo tú. Donde haya un error que enmendar, enmiéndalo tú. Donde haya un esfuerzo que todos esquivan, hazlo tú. Sé tú el que aparta la piedra del camino». Su labor como maestra y pedagoga, su obra poética y sus convicciones feministas, continúan sirviéndonos de inspiración.

46

César Vallejo es sin duda uno de los grandes. De nuevo recurrimos a la muestra de un botón con uno de sus más hermosos y conocidos poemas: «Al fin de la batalla, y muerto el combatiente, vino hacia él un hombre y le dijo: "No mueras, te amo tanto!". Pero el cadáver ¡ay! siguió muriendo. Se le acercaron dos y repitiéronle: "¡No nos dejes! ¡Valor! ¡Vuelve a la vida!"» ... (Fragmento de «Masa»).

47

La obra de Paul Valéry está impregnada de sensibilidad, belleza, ritmo, simbolismo y filosofía. Se puede decir que es un poeta completo, además de autor de ensayos. Durante la Segunda Guerra Mundial, perdió su puesto de administrador del centro universitario de Niza por negarse a colaborar con los alemanes. Murió días antes de que terminara esta guerra. Entre sus frases famosas hemos escogido esta: «La guerra es una masacre entre gentes que no se conocen para provecho de gentes que sí se conocen pero no se masacran».

48

Usuda Arō está considerado uno de los grandes maestros del haiku, tiene el don de transportarnos en un instante al tiempo y el lugar donde nació su inspiración: «Un ave canta / Y calla / La nieve en el crepúsculo».

Poema incluido en *Jaikus inmortales*, Madrid: Hiperión, 1997. Traducción de Antonio Cabezas.

49

Nacido en Salónica, actualmente Tesalónica, que pertenece a Grecia, pero que en el momento de su nacimiento era parte del Imperio otomano. Sufrió la cárcel, la tortura y el exilio por su compromiso político. Despojado de su nacionalidad turca, murió en Moscú como ciudadano polaco. En uno de sus versos dijo: «Vivir como un árbol, solo y libre, vivir en hermandad como los árboles». Su sueño de ser enterrado junto a un árbol en cualquier pueblo de Anatolia nunca fue realizado. Su tumba, situada en el famoso cementerio de Novodevichy, es lugar de peregrinaje para turcos y comunistas de todo el mundo. Poema incluido en *Duro oficio el exilio*, Villanueva de Córdoba: Libros de la Frontera, 2009. Traducción de Alfredo Varela.

50

Este poema de Pilar Junco está publicado en su libro *Cosinas de Llanes* (Fundación Rubín de Celis, 2006). Aunque creemos se entiende bastante bien aun sin saber nada de asturiano, nos ha parecido necesario traducir algunas expresiones locales con ayuda de la propia autora que también nos ha trasladado alguna pequeña corrección que introducimos en el texto: *Atopar* = proteger. *Reconcomiada* = recortada, se refiere a la forma lobulada característica de la hoja del roble. *Canduno* = cada uno. *Un daquel* = una gracia. *Extreman* = distinguen. *Pame* = paréceme. *Collacios* = colegas. *Entainó* = se empeñó. *Asombra* = da sombra. *Día de güés* = medida de superficie que equivalía a lo que puede arar en un día una pareja de bueyes. *Bixorduella* = traviesa, juguetona. *Zajorilla* = vivaracha. *Sin sollutir* = muda, sin chistar. *Gañir* = gemir o emitir algún sonido. *Escaez* = olvida.

51

Feminista y activista lesbiana, Adrienne Rich fue conocida también por sus ensayos sobre la condición social de la mujer. Mujer comprometida que se ha sumado también al boicot académico y cultural a Israel por la masacre en Gaza. Poema incluido en *Antología poética*, 1951-1981, Madrid: Visor, 1986. Traducción de Andrés Catalán.

52

Poeta errante, Issa es uno de los grandes maestros de haikus que se inspira frecuentemente en la naturaleza y los árboles: «Cansado sueña el viejo pino, todavía no es Buda». El poema escogido pertenece al libro: *Poemas de madurez de Kobayashi Issa,* Córdoba: Juan de Mairena, 2008, con traducción de Josep M. Rodríguez. El propio traductor nos ha facilitado la cita que incluye en su obra en referencia a este poema: «Este haiku hace referencia a la Fiesta de las Flores (*hanami,* literalmente, "ver flores"). Se trata de una gran fiesta popular en la que los japoneses acuden en masa a contemplar el florecer de los cerezos en los lugares más emblemáticos del país, como el parque Ueno de Tokio o el jardín japonés de Sankeien en Yokohama. Se trata de una fiesta absolutamente democrática, en la que ricos y pobres, jóvenes y ancianos, se sientan a la sombra de los cerezos a beber y a divertirse. Hay otro haiku de Issa que ejemplifica mejor este aspecto: "Ricos y humildes / caen al suelo, borrachos. / Las flores ya dan sombra"».

53

Poeta, crítica literaria, compositora de canciones, traductora, educadora. Pese a su popularidad Idea Vilariño siempre ha sido fiel al lema: «La obra debe alabar al maestro, no el maestro a la obra». Siempre se ha mostrado renuente a aceptar premios, promover o comentar su obra, o conceder entrevistas. Pese a todo sus poemas se difunden con naturalidad y ha alcanzado un gran reconocimiento internacional.

54

Leímos y releímos las *Hojas de hierba* de Walt Whitman y siempre nos queda la sensación de que este poeta es uno de los más grandes maestros de nuestro tiempo, en el arte de mirar el mundo y la naturaleza.

Traducción Marina Abella. El poema original es «Song of the Redwood-Tree», *Leaves of Grass,* XVI, 1855.

55

Jules Supervielle. «Dans la forêt sans heures,» *Le Forçat innocent,* Gallimard Paris, 1930. p. 169. Traducción del francés de Ignacio Abella, idioma en el que el autor escribió el poema original. Hizo su tesis doctoral sobre el tema: «El sentimiento de la naturaleza en la poesía hispanoamericana». El paisaje interior y exterior se entrelazan y cobran en su obra una dimensión nueva, como en los versos en los que una estrella piensa: «si nadie piensa en mí, yo dejo de existir».

56

Covadonga Vejo escribe una poesía intimista que en gran parte está dedicada a Lebeña, el pueblo en el que vive desde hace más de cinco décadas. Ha escrito varios poemas sobre el «árbol milenario», el tejo que un vendaval derribó y que era el alma y el corazón de Lebeña. La admiramos entre otras muchas cosas por la defensa de la vida y la dignidad que rezuma su poesía y su actitud vital. Covadonga refleja en su poema el dolor del árbol maltratado y olvidado, pese a las ayudas oficiales prometidas por tratarse de un árbol catalogado. El clamor de la poeta tendría eco diez años más tarde de la caída del árbol con el «milagro» del renacimiento de este tejo. Los esquejes recogidos por María Luisa García Vejo, hija de Covadonga, el 20 de marzo de 2007, prendieron para rehacer un árbol nuevo (y el mismo árbol, podemos decir con propiedad), que fue plantado en el mismo lugar el 20 de marzo de 2017, en presencia de las autoridades y los niños de la comarca. El Tejo de Lebeña resurgió así cual ave fénix. Poema incluido en *A la sombra del Tejo de Lebeña,* Centro de Investigación del Medio Ambiente del Gobierno de Cantabria, 2018.

57

Matsuo Bashō renunció a la vida mundana y los círculos poéticos para emprender continuos viajes a la naturaleza que habría de inspirarle y convertirse en medio y fin de su vida. Fue maestro de poesía y es uno de los más reconocidos creadores de haikus.

58

Poeta del campo, José María Gabriel y Galán fue maestro de escuela y más tarde hacendado. Melancólico, solitario y muy religioso. Su obra refleja la vida rural y campesina en todas sus facetas, amor, trabajo, naturaleza...

59

La obra de Pedro Salinas rezuma vitalidad, amor, libertad, sensualidad... Para él la poesía es «una aventura hacia lo absoluto». Y el propio autor declara también: «Estimo en la poesía, sobre todo, la autenticidad. Luego, la belleza. Después, el ingenio». Sufrió el exilio tras la guerra civil.

60

Margarita Pintado es profesora de Lengua y Literatura en la Universidad de Ouachita (Arkansas) y además de poeta y ensayista, ejerce como crítica literaria en distintos medios. Este poema pertenece al libro *Una muchacha que se parece a mí* (Instituto de Cultura Puertorriqueña, 2016).

61

María José Ferrada es una periodista comprometida con diferentes causas y reconocida autora de libros para público infantil y juvenil, guiones para cortometrajes y otras actividades literarias y teatrales. Este poema lo hemos extraído de su poemario *El idioma secreto* (Kalandraka, 2014), dedicado a los recuerdos de la infancia.

62

Yana Lucila Lema escribe en kichwa, su idioma original y en español. Poeta y comunicadora, defensora de las identidades indígenas, sus temas literarios parten de la naturaleza y la propia tradición. Ejerce como docente en la Universidad de las Artes del Ecuador, en Guayaquil.

63

Adonis es el seudónimo de Ali Ahmad Said Esber, poeta sirio al que, desde niño, su padre le recitaba poesías. Encarcelado por su filiación política. Creó su propio estilo poético rompiendo las reglas tradicionales y evolucionando desde una poesía muy politizada hacia una forma de entender la poesía mucho más abierta, que renuncia a las formas tradicionales y sin embargo se nutre del espíritu, la raíz tradicional de la poesía árabe y la corriente sufí. Poema incluido en *Homenajes*, Madrid: Ediciones Libertarias-Ediciones Unesco, 1995. Traducción de María Luisa Prieto.

64

La soleá (en castellano «soledad») es una tonada andaluza, uno de los «cantes grandes» del flamenco. Se trata casi siempre, como en este caso, de temas melancólicos.

65

La poesía de Gloria Fuertes trasciende las fronteras y las etiquetas para llegar con la misma hondura a niños y adultos. Sencillez y humanidad, sinceridad y crudeza, son algunas de las virtudes más relevantes de su enorme obra que además ha mostrado siempre un especial compromiso con el pacifismo entre otras causas que abraza de forma directa, sin imposturas, pero sin pelos en la lengua.

66

La poesía lúcida y certera de Sylvia Plath es el resultado de una vida breve pero intensa, marcada por la depresión y consumada de forma abrupta con el suicidio cuando tenía treinta años. El poema que aquí traemos es una buena muestra de esa búsqueda de la paz, tras una existencia difícil e inestable emocionalmente. Destacaremos su gran sensibilidad y su inequívoco posicionamiento feminista. Traducción de Xoán Abeleira.

67

Dorothea Tanning fue una artista multidisciplinar que se expresaba a través de la pintura y la escultura. Su obra en estos campos tiene un gran reconocimiento y es exhibida en los grandes museos de todo el mundo. Comenzó a escribir muy tardíamente poemas, relatos y novelas. La traducción que aquí traemos es de Jordi Doce, que ha contribuido en gran manera a que esta faceta sea reconocida también en nuestro país. Como simple anécdota traemos aquella ocasión en la que se negó a contar a sus congéneres que ese día era su cumpleaños y prefirió confesárselo a los árboles: «Ese día un júbilo de hojas / me envolvió en una intimidad verde tan confiable que les conté / mi secreto…».

68

Además de su obra poética (pertenece a la Generación del 27), destacan otras muchas facetas de Dámaso Alonso en campos muy diferentes, como filólogo e investigador. Obras como *El saúco entre Galicia y Asturias, Nombre y superstición* (1946) se adelantan a su época por su carácter multidisciplinar que abarca campos como la filología, etnografía, etnobotánica, etc.

69

Antonio Gamoneda es hijo de poeta y autor de una vasta obra poética en parte marcada por los horrores de la guerra y el franquismo. «La vida es un error lleno de cosas maravillosas —la amistad, el amor—, pero un error. […] Ya que atravesamos un error vamos a atravesarlo de la forma más consciente posible, aprovechando las cosas buenas y luchando contra la injusticia». De una entrevista al autor de Javier Rodríguez Marcos.

70

Susana Benet es acuarelista y escritora. En el territorio poético practica de manera especial el haiku, que, como manda la tradición, está con frecuencia inspirado en temas naturales. «Viento en los árboles. / En el salón cerrado / un mueble cruje. Ha escrito y publicado numerosos poemarios e ilustrado poemas propios y ajenos».

71

Poeta, cantante, narradora... María Elena Walsh ha incomodado a todos los poderes con su voz inconformista, feminista y rabiosamente propia. Entre las múltiples virtudes de su literatura está la de haberse dirigido también a los más jóvenes, y la naturalidad de quien escribe con la musicalidad del compositor. Su influencia ha sido enorme y duradera en toda la literatura hispanoamericana.

72

Marcos Ana es el seudónimo de Fernando Macarro Castillo, poeta que fue torturado y condenado a muerte por dos veces tras la guerra civil española. Al cumplir los noventa años explicaba que en realidad había cumplido sesenta y siete años de vida, ya que los veintitrés años restantes los pasó en la cárcel. Fue liberado a causa de la presión internacional. Poema incluido en *Decidme cómo es un árbol,* Madrid: Umbriel, 2007.

73

Atahualpa Yupanqui (seudónimo de Héctor Roberto Chavero Aramburu) fue poeta, cantautor y guitarrista. Cantaba como gaucho, al amor, al monte y al ombú solitario, al viento y a la Pampa. Sufrió cárcel, tortura, exilio y censura a causa de sus ideas. El poema escogido pertenece a la letra de la canción «No me dejes partir, algarrobo», del disco *Pasaban los cantores* (EMI-Odeón, 1979). Traemos aquí también una de sus frases: «El árbol que tú olvidaste siempre se acuerda de ti».

74

Fernando Pessoa escribió este poema en abril de 1923, bajo el heterónimo Alberto Caeiro. Lo publicó por vez primera en *Poemas Inconjuntos,* revista *Athena,* n.º 5. Lisboa, 1925. El poeta Frederico Barbosa decía que Fernando Pessoa fue «o enigma em pessoa». La creación de heterónimos, esto es identidades con distintos nombres que le permitían firmar desarrollando distintas personalidades literarias, creó un corpus extenso y complejo. Una de las máximas que dejó escritas: «combatir, siempre y en todo lugar, a los tres asesinos: la Ignorancia, el Fanatismo y la Tiranía».

75

Julia Otxoa es una artista multidisciplinar que en el terreno poético manifiesta con frecuencia un posicionamiento ético y social. En su dilatada obra, sus raíces ahondan en el mundo de la naturaleza y la memoria histórica, pero explora una gran diversidad de temas que conforman un amplísimo corpus vital. Nos fascina de manera especial su poemario *Taxus baccata* (Hiperión, 2004) en el que leemos: «Pensábamos de niños que las montañas estaban ahí para la eternidad, que aquellos hermosos gigantes no morirían nunca, luego supimos que estábamos equivocados, las montañas también mueren como el más frágil de los hombres».

ÍNDICE

CRÉDITOS

3 © Herederos de Juan Ramón Jiménez, 1974
12 © Pablo Neruda 1954 y Fundación Pablo Neruda
17 © Vicente Aleixandre, 1962 y Herederos de Vicente Aleixandre
22 © Rafael Alberti, 1945-56, El alba del alhelí, S. L.
24 © The Complete Poems: Philip Larkin, Philip Larkin, Faber and Faber Ltd.
31 © Suhrkamp Berlin AG, Hermann Hesse
35 © 2022, Por la titularidad de los derechos para las obras de Octavio Paz, Sistema para el Desarrollo Integral de la Familia de la Ciudad de México
42 © Gioconda Belli, c/o Schavelzon Graham Agencia Literaria, www.schavelzongraham.com
45 © La Orden Franciscana de Chile autoriza el uso de la obra de Gabriela Mistral. Lo equivalente a los derechos de autoría son entregados a la Orden Franciscana de Chile, para los niños de Montegrande y de Chile, de conformidad a la voluntad de Gabriela Mistral.
49 © Nâzım Hikmet, c/o Vicki Satlow Literary Agency
59 © Herederos de Pedro Salinas
61 © María José Ferrada, 2012
66 © Collected Poems by Sylvia Plath, Sylvia Plath, Faber and Faber Ltd.
67 © 2011, Dorothea Tanning
69 © Antonio Gamoneda, 2004, Exentos I, Esta luz - Poesía reunida 1947-2004
71 © Herederos de María Elena Walsh, c/o Schavelzon Graham Agencia Literaria, www.schavelzongraham.com

CRÉDITOS DE LAS TRADUCCIONES

1 © Pilar González
2 © Javier Villalba
6 © Robert Rivas
8 © Joumana Haddad
15 © Marina Abella
16 © Selma Ancira
21 © Roberto Mascaró
23 © Marta Sánchez-Nieves
24 © Marcelo Cohen.
Publicado por acuerdo con Random House Grupo Editorial
25 © Isabel Hernández
26 © Marina Abella
28 © Neila García
29 © Marina Abella
31 © Isabel Hernández
34 © Juan Ignacio Preciado
37 © Laszlo Bagossy
39 © José Kozer
40 © Abel Murcia y Gerardo Beltrán
41 © Germain Droogenbroodt y Rafael Carcelén
43 © María Luisa Prieto
47 © Ignacio Abella
48 © Antonio Cabezas
49 © Alejandro Varela
51 © Andrés Catalán
52 © Josep M. Rodríguez
54 © Marina Abella
57 © Rumi Sato
63 © María Luisa Prieto
66 © Xoán Abeleira.
Publicado por acuerdo con Random House Grupo Editorial
67 © Jordi Doce
74 © Ignacio Abella

Esta edición de *La poesía de los árboles*,
compuesta en tipos Arno Pro 12/15 sobre papel
offset Natural de Vilaseca de 120 g, se acabó de
imprimir en Madrid el día 27 de octubre de 2022,
aniversario del nacimiento de
Sylvia Plath